KB057776

중국

CHINA

중국

CHINA

앤드르 발치코니테-후앙, 케이시 플라워 지음 | 임소연, 윤영 옮김

세계의 **풍습과 문화**가
궁금한 이들을 위한
필수 안내서

시그마북스
Sigma Books

세계 문화 여행 _ 중국

발행일 2022년 11월 4일 개정판 1쇄 발행
지은이 앤드르 발치코니테-후앙, 케이시 플라워
옮긴이 임소연, 윤영
발행인 강학경
발행처 시그마북스
마케팅 정제용
에디터 최연정, 최윤정
디자인 김문배, 강경희

등록번호 제10-965호
주소 서울특별시 영등포구 양평로 22길 21 선유도코오롱디지털타워 A402호
전자우편 sigmabooks@spress.co.kr
홈페이지 http://www.sigmabooks.co.kr
전화 (02) 2062-5288~9
팩시밀리 (02) 323-4197
ISBN 979-11-6862-081-0 (04900)
　　　978-89-8445-911-3 (세트)

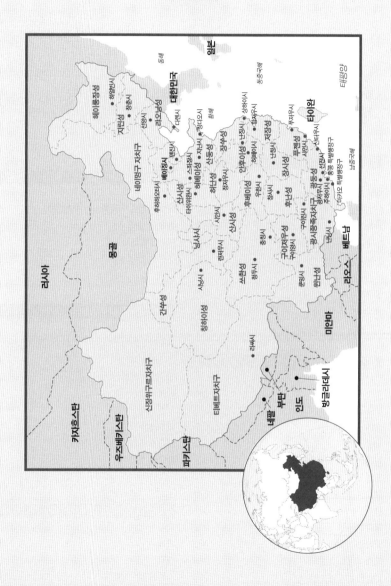

중국 전도

차   례

1979년, 덩샤오핑 주석이 중국의 개혁개방 정책을 선언한 후 수많은 중국인들이 가난에서 벗어났고 자기 운명을 스스로 개척할 수 있게 되었다. 〈이코노미스트〉의 표현을 빌리면 개혁 개방 초기 중국은 '중국인이 감당할 수 있는 가격으로 물건을 만들고 팔아' 눈부신 경제 성장을 이뤄냈다. 중국의 경제는 세계에서 두 번째로 커졌으며, 전 세계 정부와 다국적 기업들의 환심을 얻어 세계 무대의 큰손이 되었고, 앞으로도 더 성장할 야망을 가지고 있다.

부유해진 새 나라 중국은 자신의 과거와 화해했다. 한때 버려졌던 절과 궁궐은 옛 모습 그대로 복원해 그 모습을 보기 위해 찾아온 사람들로 인산인해를 이뤘고, 도쿄와 런던, 뉴욕과 어깨를 나란히 할 정도로 발달한 초현대적인 도시들도 생겨났다.

이런 경제적 기적이 가능했던 것은 중국이 14억 명에 달하는 엄청난 인구를 보유하고 있기 때문이다. 한 가문의 역사를 다룬 서양의 대하소설이 으레 금지된 사랑과 유산에 관한 이야기를 다룬다면 중국의 가족 대하소설은 격변의 현대사를 그대로 보여준다. 자서전으로 많은 이들에게 사랑을 받았던 중국의 가족사 소설을 꼽는다면 작가 장융의 『대륙의 딸』을 들 수 있을 것이다.

이야기는 먼저 작가 장융의 할머니였던 위팡으로부터 시작된다. 위팡은 어린 시절 더 이상 발이 자라지 못하도록 발을 꽁꽁 동여매는 전족의 고통을 당했고, 커서는 군사 지도자의 첩으로 팔려가는 비극을 겪는다. 위팡이 첩으로 팔려가 낳은 딸이 바로 장융의 엄마, 바오친이다. 바오친은 훗날 중국 공산당의 창립 멤버가 된다. 바오친이 1952년 낳은 장융은 내로라하는 집안 덕에 부유한 어린 시절을 보내지만 1960년대 마오쩌둥의 문화대혁명이 일어나고 전국이 혼란에 빠지면서, 그녀의 부모는 지탄의 대상이 되고 고문을 받는 등 가문은 몰락의 길을 걷는다. 어려운 상황에서도 장융은 장학금을 받고 영국 유학길에 올랐고 그렇게 떠나온 고국에 다시는 돌아가지 않았다.

오늘날 중국의 젊은 세대는 자유롭게 외국에 나가 공부하고 여행하며, 자신의 꿈을 이루기 위해 열심히 일할 수 있게 되었다. 하지만 중국의 시장경제 아래 경쟁은 과거와 비교할 수 없을 정도로 치열해졌고, 근면을 강조하는 전통 신념과 교육열, 자녀를 위한 가족 지원은 그 어느 때보다 뜨겁다.

중국이 수출 지향 경제로 전향한 것은 아주 최근의 일이다. 과거에는 내수만으로도 충분했기 때문에 외부와의 교역이 전혀 필요하지 않았다. 과거 중국은 자신을 세상의 중심이라 믿어 의심치 않았다. 변방 국가의 이방인은 자비를 구하며 황제에게 바쳤다가 내침을 당하는 야만인에 불과했다. 16세기부터 중국과 관계를 맺으려 노력했던 유럽인들도 매번 그렇게 퇴짜를 맞았다.

1949년 공산당이 권력을 잡은 뒤 중국은 서방에 굳게 문을 걸어 잠갔다. 1971년에는 미국 특사 헨리 키신저가 비밀리에 베이징을 방문해 마오쩌둥을 만났고, 그 이듬해인 1972년에는 닉슨 대통령이 중국을 찾았지만 별다른 성과는 얻지 못했다. 하지만 1976년 마오쩌둥이 세상을 떠나고, 덩샤오핑이 굳게 닫혔던 나라의 빗장을 풀자 번영의 길이 열렸고, 중국과 세계가 모두 변하기 시작했다.

오늘날 중국은 놀라운 규모, 적극적인 국외 인수 합병, 혁신적인 기술을 내세우는 논란의 인프라 비전, 일대일로 전략을 통해 세계를 변화시키고 있다. 중국에는 누구라도 흠뻑 도

취될만한 어마어마한 양의 에너지와 야망이 있고 그 변화의 속도도 빠르다. 당신이 이 매력적인 나라, 중국에서 만나게 될 현지인들은 고등교육을 받아 교양 있고, 따뜻한 마음을 지녔으며, 세계 정세를 잘 이해하고 있을 뿐 아니라 이 세상의 모든 것에 대해 이야기를 할 준비가 되어 있다. 당신이 일 때문에 중국을 찾았든, 며칠 즐거운 시간을 보내고자 중국을 방문했든 간에, 이 책은 당신이 '좋은 손님'이 될 수 있도록 도와줄 것이다.

공식 명칭	중화인민공화국 (The People's Republic of China)	별도 정부를 수립한 타이완은 '중화민국'이라 불린다.
수도	베이징	
주요 도시	충칭, 선양, 우한, 난징, 하얼빈	주요 항구: 톈진, 상하이, 칭다오, 광저우
면적	959만 6961km²(한반도의 약 43배)	세계에서 네 번째로 넓은 나라
지형	산, 사막, 건조분지(북부 및 서북부), 산악지대(남부), 낮은 구릉지 및 평야(동부)	산악지대와 사막이 국토의 2/3를 차지하며, 서부보다 동부가 지대가 낮아 황허, 양쯔강, 서강이 동부로 흘러든다.
기후	건조한 북부와 서부는 기온차가 커서 여름은 무덥고 겨울은 매우 춥고 건조하다.	남부와 동부는 따뜻하고 습하며 연중 비가 많이 내린다.
인구	세계에서 인구가 가장 많은 나라로 총 인구 14억 2,588만 명으로 추정(UN, 2022)	대략 세계 인구의 4명 중 1명이 중국에 살고 있다.
인구 밀도	상하이의 인구 밀도는 1m²당 7,000명, 베이징은 1m²당 1,927명이지만 티베트는 1m²당 단 5명으로 지역별 편차가 크다.	대부분의 인구는 비옥한 평야를 끼고 있는 동부 중심지역이나 동부 연안지역에 거주한다.
도농 격차	세계은행은 중국 인구의 약 54%가 도시에 거주하며 일한다고 추정한다. 일을 위해 농촌에서 도시로 이주한 농민공들은 지난 30년간 중국 경제 발전의 원동력이었다.	호적제도(후코우) 때문에 농촌 출신의 노동자, 일명 농민공들은 도시에 여러 해 동안 거주해도 서류상으로는 여전히 출생지에 속한다. 지난 세월 이들은 2류 시민 대우를 받아왔으나 요즘은 도시 거주자들과 동등한 권리를 적극적으로 요구하고 있다.
민족 구성	한족이 전체 인구의 약 92%를 차지하며, 그 나머지는 55개의 소수민족으로 구성되어 있다.	소수민족은 인구는 적지만 국경지역에 몰려 있어 정치적으로 중요한 의미를 갖는다.

연령 구성	0~14세: 17.2% 15~64세: 73.4%(2012) 65세 이상: 9.4%(UN, 2012) 오랫동안 실시한 '한자녀정책' 때문에 중국의 젊은 층 인구는 다른 개발도상국보다 적은 편이다.	보건 수준이 개선되면서 인구가 노령화되고 있다.
성인 식자율	글을 읽고 쓸 수 있는 성인 인구가 96.4%에 달한다(UNESCO, 2015). 문맹은 노인층과 소수민족, 교육환경이 열악한 농촌에서 더 흔하다.	학교에서 글을 배울 때조차 매일 한자를 연습하지 않으면 글자 쓰는 법을 금세 까먹기 쉽다.
언어	푸통화(표준 중국어), 광둥어, 장쑤지방 방언 우 등이 쓰인다. 모두 같은 글자를 사용하나, 타이완과 홍콩은 번체자를, 중국 본토는 간체자를 사용한다.	티베트어 등 기타 소수언어는 소수민족이 거주하는 서남부에 많이 분포한다.
종교	현재 공식적으로는 무교 국가이나 전통적으로는 도교, 유교, 불교를 신봉한다. 이슬람교, 기독교도 집단도 소수 존재한다.	기독교와 불교 인구가 증가하는 추세다. 공산당은 조직적 종교활동을 조심스럽게 용인하고 있다.
정부	1949년 이래 공산당이 집권 중이다.	
경제	1979년, 중국은 소련 스타일의 계획경제에서 자유시장경제로 전향했으며, 현재는 전 세계 경제활동의 약 17%를 담당하는 경제 대국이 되었다. 중국의 임금은 지속적으로 인상되고 있으며, 자동화로 인해 기계가 인력을 대체하는 현상이 나타나고 있다.	
통화	법정통화는 위안화로 단위는 위안이다. 1위안(元)은 10자오(角), 1자오는 10펀(分)이다. 1위안, 5위안, 20위안, 50위안, 100위안 지폐가 사용되고 있다.	
자원	가솔린, 천연가스, 석탄, 우라늄 등 천연자원과 철, 망간, 아연 등 광물자원, 흑연, 인, 유황 등 비금속성 광물자원을 보유하고 있다.	서남부에서는 나무 다시 심기 운동이 활발히 펼쳐지고 있고, 삼림 벌채도 줄어들고 있다. UN의 국제기구인 FAO에 따르면 중국 국토의 약 22%가 삼림으로 덮여 있으며, 이 중 5.6%가 다양한 생물이 서식하는 '1차 삼림'이다.

농업	더 이상 양식을 자급자족하지 않으며 육류, 밀, 유제품을 수입하고 있다.	우유는 대부분 뉴질랜드에서 수입하고 있다. 최근 식품 안전이 주요 사회문제로 떠올랐다.
경제 성장률	1989년부터 2014년까지 중국의 GDP는 매년 약 10%의 성장률로 증가했으며, 2015년에는 다소 하락한 6.9%의 성장률을 기록했다.	
주요 수출 품목	전자제품, 장비, 기계, 엔진, 펌프, 가구, 조명, 표지판, 의류, 의료장비, 기술 설비, 플라스틱, 자동차 등을 주로 수출하고 있다. 중국은 세계 최대의 수출국(2014)이며 동시에 세계 2위의 수입 대국이기도 하다.	
전압	220V, 50Hz	구멍이 3개인 콘센트를 사용하므로 어댑터를 사용해야 한다.
전통 매체	정부가 통제하며 심의 검열을 받는다. 공산당 기관지는 〈인민일보〉, 국영 텔레비전 방송국은 중앙 텔레비전(CCTV)이다.	약 3천 개의 지역 TV, 라디오 방송국이 있으며, 외국 방송국도 점차 증가하는 추세이다.
영어 사용 매체	CCTV는 영어 및 기타 외국어 방송도 방영하고 있으며, 영어를 사용하는 언론(대부분 국영)도 활발하다. 〈차이나 데일리〉는 월요일~토요일, 〈비즈니스 위클리〉는 일요일에 발간된다. 인터넷에 다양한 주제의 영문 사이트도 운영 중이다.	
인터넷 도메인	.cn 가장 많이 사용하는 검색엔진은 바이두	중국 정부는 '마이크로블로그 검열관'을 고용해 인터넷 사용을 검열하고 있다.
TV/ DVD	PAL 방식을 사용하며, 대부분의 가정이 TV를 보유하고 있다.	
전화	국가번호 86	
시간대	우리나라보다 1시간 늦음(베이징)	국토상으로는 5개의 시간대가 존재해야 하지만, 실제로는 베이징 시간대만 사용되고 있다.

01

영토와 국민

수천 년 동안 중국 문명은 유럽의 그 어느 국가보다 광활한 대지를 가로질러 뻗어나갔다. 중국의 언어와 문화는 시베리아로 이어지는 북쪽의 초원과 소나무 숲에서부터 남쪽 열대의 정글과 계단식 논까지, 또 운하와 항구, 어촌이 즐비한 동쪽 해안에서부터 중앙아시아의 메마른 사막, 히말라야의 눈 덮인 변경에 이르기까지, 모든 영토에 걸쳐 빠짐없이 전해졌다.

헨리 키신저, 『중국 이야기(On China)』, 2011

지형 및 기후

중국은 러시아, 캐나다에 이어 세 번째로 광대한 영토를 가진 나라로 국토 면적이 960만 km²에 달한다. 거대한 땅덩어리는 남북으로 5000km, 동서로는 5200km에 이르고, 인접국과 접하고 있는 국경의 길이도 2만 2800km나 된다. 이렇게 거대한 본토 이외에도 중국은 썰물 때에만 잠시 드러나는 작은 바위섬을 포함해 5,400개가 넘는 섬을 가지고 있다. 기술적으로 중국의 영토는 동해안에서부터 러시아와 국경을 접한 서쪽에 이르기까지 다섯 개의 시간대로 구분된다.

영토 내 대부분의 강은 서에서 동으로 흘러 태평양으로 흘러들어간다. 총 길이가 6300km에 달해 중국에서 가장 긴 강으로 꼽히는 양쯔강(또는 장강)은 아마존강과 나일강에 이어 세계에서 세 번째로 긴 강이다. 그다음으로 긴 강은 중국 문명의 발상지인 황허강으로, 그 길이가 5,464km에 달한다. 하지만 최근 황허 삼각주에 가뭄이 지속되면서 그 길이가 수개월 동안 수백 킬로미터나 단축되는 현상이 발생하기도 했다.

극과 극이 모두 존재하는 나라 중국에서는 지역에 따라 기온차가 크게 나타난다. 북부의 경우 여름은 덥고 짧으며, 겨울

은 길고 춥다. 여름철에는 습도가 60~70% 수준까지 올라가 불쾌감을 일으키지만, 겨울이 되면 습도가 2%까지 떨어지면서 매우 건조해지고, 고비 사막에서 황사까지 불어오면 더더욱 견디기 힘든 날씨가 찾아온다.

수도 베이징의 북쪽으로는 광활한 내몽골 초원이 있다. 겨울철 시베리아에서 불어오는 바람이 몽골을 휩쓸면, 맑고 볕이 좋은 날이라 해도 최하 -35℃까지 기온이 떨어지기도 한다. 몽골의 동북부에 위치한 하얼빈은 매년 열리는 빙등제로 유명하다. 쑹화강에서 채취한 얼음덩어리를 조각한 뒤 조각상

안쪽에 색색의 화려한 등을 밝혀 즐기는 이 축제는 매년 1월 5일경 시작해, 한 달 뒤 봄 소식에 얼음조각이 녹기 시작하면 막을 내린다.

중국 남부는 훨씬 온화하다. 최근 들어 경제적 여유가 있는 북부 지역 사람들이 포근한 기후를 즐기기 위해 은퇴 후 이곳으로 이주하는 경우가 늘고 있다. 특히 하이난의 열대 섬이 인기가 있다. 남부 지방은 일 년 내내 초목이 푸르며 해안 지역은 사계절 내내 따뜻하고 습하다. 중국의 남부와 남서부는 다른 곳에 비해 훨씬 생활하기 좋은 기후이며, 연무에 둘러싸인 산에는 무성한 초록 식물과 아름다운 나무가 우거져 있다. 남서부는 대나무 숲과 판다의 고향이기도 하다. 이곳엔 진달래 속 식물처럼 서구 사람들에게 익숙한 식물들도 많은데 그중 일부는 19세기 식물학자들이 중국에서 유럽으로 전해주었던 것이다.

중국에는 '최고'도 많다. 네팔, 인도와 접하고 있는 서부 국경에는 세계에서 가장 높은 산, 에베레스트가 우뚝 솟아 있다. 에베레스트산은 7,000m가 넘는 봉우리가 40개나 되는 히말라야산맥의 일부다. 중국의 서북부에는 세계 최대의 내륙분지인 타림분지가 위치하고 있고, 타림분지의 동쪽으로는 투루판

중국 남서부 충칭에 있는 우룽국립공원

분지가 낮게 펼쳐져 있다. '불 속의 오아시스'라는 별칭처럼 투루판분지는 중국에서 가장 더운 지역으로 한여름이면 온도가 49℃까지 치솟는다. 중국의 소수민족인 위구르족이 살고 있는 신장에는 중국 최대 사막인 타클라마칸 사막이 위치하고 있다. 오늘날은 막대한 양의 석유와 가스 비축지로서 여전히 매력적인 곳으로 남아 있다.

광활하고 황량한 사막에 발달한 오아시스 도시들은 로마시

중국 남동부 구이린의 리강

대부터 2000년 동안 실크로드의 고된 여정 속에서 심신을 달 랠 수 있는 쉼터 역할을 했다. 실크로드는 과거 상인들이 낙 타에 실크를 싣고 서쪽 나라로 향했던 교역로를 말한다. 중국 최대의 염수호인 로프노르호에서 난 소금을 사고파는 교역도 이 실크로드를 따라 이뤄졌다. 오아시스를 지배하면 실크로드 를 오가는 상인들을 상대로 통행세를 부과할 수 있었기 때문 에, 신장은 그 건조한 사막에도 불구하고 아주 매력적인 지역이었다.

중국의 남부에서는 1년 내내 푸르른 초목을 볼 수 있다. 해안 지대는 따뜻하고 습도가 높은 기후에 뚜렷한 사계절을 보인다. 중국의 남부와 남서부에는 수목이 무성한 산과 푸른 초목이 있고, 기후도 타 지역에 비해 훨씬 살만하다. 중국의 남서부는 대나무 숲과 판다로 유명하고, 다양한 식물이 서식하는데, 그중에는 철쭉처럼 서양에서 흔히 볼 수 있는 식물도 있다. 이는 19세기 식물학자들이 해당 종을 유럽으로 가져갔기 때문이다.

농사가 가능한 땅은 전체 국토의 약 20%에 불과하다. 지

난 수백 년 동안 한족은 강이 범람하면 잠기는 황허강과 양쯔강 하류에 모여 살았다. 강이 범람했다 물러가면 영양이 풍부한 토사가 남았던 덕분에 이 두 범람원은 중국에서 가장 농사가 발달한 지역이 되었다. 주요 산업과 함께 대도시들이 발달한 곳도 바로 이 지역이다. 중국은 국토 대부분이 사람이 거주할 수 없는 환경이기 때문에 주로 한족으로 이뤄진 인구의 90%는 이 지역의 절반 정도 되는 땅에 밀집하여 거주하고 있다. 중국 정부는 인구 밀도가 낮은 티베트나 신장 같은 지역으로 인구 재배치를 꾀했지만, 한족은 해당 지역으로의 이주를 내켜하지 않았고 지역 주민들도 한족의 이주를 반기지 않아 별다른 성과를 거두지는 못했다.

이제 중국 정부의 야심은 전보다 훨씬 초현대적이다. 거대한 신도시를 여럿 세우고 그곳으로 사람들을 이주시키고 있으니 말이다. 중국의 도시는 1949년 공산당의 집권 당시보다 600개나 늘어났다. 상하이의 선진적인 푸둥 지구 같은 곳은 입이 떡 벌어질 만큼 성공을 거두었다. 한때는 외국 분석가에게 '유령 마을'이라는 조롱을 당하던 곳이 지금은 상하이 지구 중 가장 높은 GDP를 자랑하고 있으며, 수많은 할리우드 영화의 배경이 되기도 했다. 선전은 또 어떨까. 불과 30여 년 만에 이곳은 장이 서는 초라한 마을에서 초현대적인 메가시티로 변신했고, 경제 상황은 인접한 홍콩을 이미 능가했다. 하지만 새로운 중국 도시가 모두 성공적이었던 것은 아니다. 소위 유령 마을도 존재한다. 새로운 도시 건설은 비교적 빠르게 진행되지만, 200~300만 명의 인구를 충당할 인프라와 일자리, 공공 서비스를 갖추기 위해서는 어쩔 수 없이 시간이 걸린다. 하지만 중국인들은 전통적으로 장기적인 안목을 가지고 있고, 으스스할 정도로 텅 비어있는 이런 새로운 도시 역시 그들의 장기적인 비전 중 일부이다. 중국 정부 입장에서 이곳을 가득 채울지 말지는 고민의 대상이 아니다. 그들에겐 '언제'만이 중요하다.

한족과 소수민족

중국 인구의 92%는 한족이다. 서양에서 보통 이야기하는 중국인은 바로 이 한족을 말한다. 소수민족은 중국의 서북부와 서남부 변경에 모여 사는데, 공식적으로 인정된 55개의 소수민족 인구는 약 1억 명 정도로, 이들은 각자의 풍습과 언어, 의복, 종교를 가지고 있다. 파키스탄, 아프가니스탄, 인도, 러시아와 국경을 접하고 있는 중국 서북부 인구는 이슬람교를, 티베트족, 몽고족, 로바족, 몬바족은 대게 티벳불교를 믿는다. 다이족, 블랑족, 떠앙족은 또 다른 오래된 불교 분파를 믿는다. 한편 애니미즘, 민간신앙, 조상 숭배를 신봉하는 이들도 많다.

표준 중국어는 유일한 공용어로 모든 소수민족도 이를 배운다. 하지만 일정 나이 이상의 소수민족들은 여전히 표준 중국어를 전혀 하지 못하는 경우가 많다. 한편 중국 정부는 1949년 전까지 구어만 있었을 뿐 글이 없었던 장족, 부이족, 묘족, 동족, 하니족, 이족 등 10개 민족의 글자 창제를 돕기도 했다.

소수민족들은 중국 정부의 입장에서 전략적으로 중요한, 인구 밀도가 낮은 국경지역에 주로 거주하고 있어 그 인구수에 비해 지정학적으로 중요한 의미를 갖는다. 부분적으로 이러한 이유 때문에 중국 정부는 '한자녀정책'을 추진하면서 소수민족은 예외로 인정했다(47~48쪽 참조). 그들을 향한 공식적인 태도는 관용과 통제가 복잡하게 섞여 있다. 소수민족에 속하는 사람들은 대체로 자신의 민족을 유지하고 한족과는 어느 정도 분리되어 살아간다. 정부는 그들을 주류 사회와 경제 활동에 통합시키기 위해 정책들을 시행하고 있다. 그중 긍정적인 예로는 대학 지원 시 소수민족 사람들에게 우선권을 주는 것이 있다. 하지만 많은 소수민족은 여전히 소외된 채 남아있다. 이러한 통합 정책은 주로 북서 지방에서 더욱 공격적으로 시행되어 왔다.

간략한 역사

중국 문명은 황허강의 비옥한 범람원에서 탄생했다. 중국인들은 수천 년 전, 이미 비단을 짜고 옥을 조각했으며 청동을 주조했다. 그뿐만 아니라 밀과 수수, 쌀을 재배했고 일어난 일들을 글로 기록했다. 중세 유럽에서 사용했던 석궁은 사실 그보다 15세기 전에 중국에서 처음 발명되었다. 영국에서 산업혁명이 일어나기 1000년 전, 중국은 이미 코크스 제조 가마와 용광로를 갖추고 있었다. 중국의 예술, 과학, 건축, 언어, 문학, 철학은 과거에도 그랬고 앞으로도 끊임없이 연구되고 세계의 칭송을 받을 것이다.

중국 사람들은 당신에게 그들의 반만 년 역사를 자랑스럽게 이야기하겠지만, 실제로 그 역사는 더 오래전으로 거슬러 올라간다. 고고학자들은 중국에서 기원전 5000년 이전으로 추정되는 신석기 시대의 유적을 발견한 바 있다. 중국 최초의 왕조는 하나라(기원전 1994~1523)였는데, 하나라가 무너지고 황허 하류에서 상나라(또는 은나라)가 일어나 번영할 즈음에는 고급 청동 제조 기술과 문자, 중국 최초의 달력이 개발되는 등 세련된 문화가 발전했다.

【 주나라와 천명 】

주나라(기원전 1027~255)를 세운 무왕은 상나라의 마지막 폭군이었던 주왕을 토벌하고 새로운 왕조를 세웠다. 이 시기에 돈, 철, 성문법, 유교 도덕철학이 등장했고, 천명天命이라는 개념도 생겨났다. 천명은 나라를 통치할 권리는 하늘에서 내리는 것이나, 지배자가 부패하면 하늘이 그 권리를 앗아갈 수 있다는 사상이었다. 이런 사상 때문에 황제는 천자라 불렸고, 이는 마오쩌둥이 1976년 세상을 떠날 때까지 영향을 미쳤다. 이후 천명사상은 하늘은 부패한 지배자에게 지진이나 홍수 같은 자연재해를 내린다는 도교의 믿음과 결합되었다.

주나라 시대에 이르러 중국인의 독특한 정체성과 문화적 우월성이 생겨났다. '중국'이라는 이름은 중국이 세계의 중심이라는 중화사상에 따라 만들어진 것으로, 중국인들에게 외국인은 그저 야만인에 불과했다. 중국인들은 오늘날에도 '중국'이라는 국명을 계속 사용하고 있고, 중국어로 외국인을 뜻하는 '와이궈런'은 여전히 국경 밖의 사람이라는 뜻이다.

【 전국시대 】

주나라 말미 치열한 패권 싸움이 벌어지면서 주나라는 여러 개의 작은 나라로 분열되었고, 전국시대(기원전 500~221)가 시작되었다. 중국의 철학자 공자는 주나라를 중국의 황금시대라고 말하며 주나라를 그리워했고, 공자의 이 말에 영향을 받아 이후 수백 년 동안 중국인들은 주나라 시대를 이상화했다. 기나긴 패권 다툼 끝에 결국 진나라가 모든 경쟁국을 물리치고 분열 상태의 중국을 단일 왕국으로 통합했다.

【 진나라 】

진나라(기원전 221~207)는 강력한 중앙집권체제를 도입했고, 도량형과 문자, 화폐를 통일했으며, 수도(지금의 시안)에서 외곽의 소도시를 잇는 도로망을 구축했다. 진나라의 초대 황제 진시황은 몽골족의 침입을 막기 위해 수천 명의 노예를 부려 만리

장성을 증축했다. 현재는 과거에 축성했던 만리장성의 일부만 남아 있는데, 이는 지역 주민들이 장성을 이루고 있었던 돌의 대부분을 집을 짓는 데 사용했기 때문이다. 그들의 조상이 힘들게 쌓아 올렸던 성벽임을 생각하면 아이러니한 일이다. 파손되지 않고 오늘날까지 전해 내려오고 있는 만리장성은 대대적인 복원작업을 거쳐 옛 모습을 복구해, 매년 수백만 명의 관광객이 찾는 인기 관광지가 되었다.

　진시황은 죽은 뒤 장안(지금의 시안)에 묻혔다. 무덤 속 진시황을 지키기 위해 실물 크기의 8천 명 병사들과 전차 130대,

670필의 말이 함께 묻혔다. 흙을 구워 만든 모형을 무덤에 넣음으로써 황제의 육신을 내세로 인도한다는 목적 아래 행해진, 살아 있는 사람들을 망자와 함께 묻었던 야만적인 순장 풍습은 없어지게 되었다.

【한나라】

한나라(기원전 206~기원후 9, 25~220) 시대에는 중국 왕조가 중앙아시아로 영토를 확장하고 한층 강력한 중앙집권통치를 펼쳤던 시기이다. 과거 황제가 절대 유일의 군주로 군림하며 백성을 다스렸다면, 한나라 시대에는 백성을 더 잘 섬기기 위해 권력을 위임받은 지배자로 개념의 전환이 일어났다. 나라의 녹을 먹는 관료를 선발하기 위해 유교 지식을 시험하는 복잡한 과거제도가 확립되었으며, 이 제도는 이후 2000년 동안 폐지 없이 유지되었다. 한나라 이후 중국인들은 자신을 '한족'이라 칭했고, 중국어로 중국어는 '한위'이며, 중국 문자는 '한자'가 되었다.

【수나라】

나라 밖에서는 반란이 일어나고 나라 안으로는 갈등이 깊어지면서 결국 한나라가 무너졌고, 왕조는 3개의 왕국, 즉 위, 촉, 오로 나뉘어 패권을 향한 경쟁을 계속했다. 결국 위나라가 촉과 오를 물리치고 권력을 장악했는데, 위는 인도에서 들어온 불교와 도교를 유교로 대체했다. 그러던 중 '야만족'이라 부르던 훈족이 북부를 침략하자, 수나라(581~618)가 다시 중국을 통일하고 훈족의 침입을 물리치고 만리장성을 보강했다.

【당나라】

얼마 가지 않아 수나라가 멸망하고 당나라가 들어섰다. 당나라(618~906)는 중국의 황금시대라 불리는 태평성대였다. 당나라는 수도를 오늘날 시안에 정하고, 장안이라고 불렀다. 당시 장안은 로마, 콘스탄티노플과 어깨를 나란히 하는 위대한 도시였다. 인구는 100만 명에 육박했고, 상업발전과 세금 징수, 행정 등 현대적인 특징을 갖추었으며, 다양한 종교를 용인했고, 문화가 번성했다. 당나라는 시와 도자기로도 유명하다. 당 왕조는 지역을 잇는 운하를 계속 구축했고, 집을 떠난 관료와 상인, 순례자들이 여정 중 잠시 쉬어 갈 수 있는 주막을 지었다. 외국인과의 교류도 많아져, 12세기 후반까지 중국인은 과거 그 어느 때보다 외국인과 자주 접촉했다. 하지만 전쟁이 일

• 중국의 4대 발명 •

중국인들은 중국의 4대 발명, 즉 종이, 나침반, 화약, 인쇄술에 대해 대단한 자부심을 가지고 있다. 중국은 7세기에 목판에 글씨를 새겨 종이와 비단에 인쇄하는 방법을 발명했다. 중국의 가장 오래된 인쇄물은 868년 인쇄된 불경이다. 또한 11세기에는 활자 인쇄를 최초로 발명하기도 했다.

어나고 경제가 퇴보하는 가운데 당나라는 멸망했고 5대 10국에 편입되었다.

【송나라】

송나라(960~1279)는 다시 한번 중국을 통일하고 질서를 회복했다. 송나라 시대는 평화의 시대였으며 창조의 시대였다. 하지만 국경 수비가 느슨해지면서 몽골족의 침입이 시작됐다. 중국은 외부세계를 차단하려 했지만 외부인은 침입자로, 대사로, 상인으로 어떻게든 방법을 찾아내 중국으로 들어왔다. 그중 가장 유명한 여행자로는 1275년부터 1292년까지 중국에 머물렀던 베네치아의 상인 겸 탐험가였던 마르코 폴로를 들 수 있다. 그는 베네치아로 돌아오는 길에 자신이 두 눈으로 목격한 중국의 부유한 도시들과 종이 화폐, 소금 제조법, 석탄을 태워 열을 내는 법 등을 생생한 글로 남겼다. 크리스토퍼 콜럼버스를 비롯한 많은 이들에게 중국 방문의 열망을 심어주었던 마르코 폴로의 책은, 아직까지도 절판되지 않고 많은 이들의 사랑을 받고 있다.

【 원나라 】

마르코 폴로가 중국을 방문했던 그때, 몽골족은 만리장성을 넘어 말을 타고 고비 사막까지 쳐들어오는 데 성공했다. 몽골족은 베이징을 수도로 지정하고, 이방 민족으로서는 처음으로 중국 전역을 통일하고 원나라(1260~1368)를 세웠다. 이 나라의 초대 왕이 바로 쿠빌라이 칸이다. 원나라는 무자비했지만 효율적인 통치를 폈다. 또 중국과 러시아를 잇는 길을 재정비했고, 교역을 장려했으며, 기근 중 백성을 구제하는 제도를 확립하기도 했다.

【 명나라 】

원나라가 멸망하고 한족 왕조 명나라(1368~1644)가 세워졌다. 명나라의 초대 황제, 주원장은 가난한 소작농의 아들로 태어나 황제의 자리에 오른 입지전적인 인물이었다. 하지만 명나라는 기아와 자연재해, 폭발적 물가상승 그리고 부패로 패망의 길로 들어섰고, 약 83만 명의 희생자를 낸 것으로 추정되는 1556년의 지진은 그 속도를 높였다. 황제가 '천명'을 잃었다는 것을 보여주는 징후들이 나타나자 명나라의 적들은 힘을 얻었다. 천명을 잃었다는 이런 믿음은 훗날 1976년, 마오쩌둥이 사망하기 3개월 전, 24만 명의 사망자를 낸 탕산지진이 일어났을 때에도 되풀이된다.

【 중국 땅의 첫 유럽인들 】

마르코 폴로가 중국에 발을 디디고 241년 뒤인 1516년, 포르투갈의 선박이 중국 연안에 정박했다. 16세기의 포르투갈은 제국주의 열망이 끓어오르는 무역국이었다. 중국 정부는 포르투갈에게 마카오에 교역소를 세워도 좋다는 허가를 내렸다. 그 뒤로 영국, 네덜란드, 스페인도 중국과 교역의 물꼬를 트는 데 성공했다. 한편 1582년, 이탈리아의 예수회 신부 마테오 리치는 마카오로 들어와 중국어를 배우다, 그가 수학과 지도에 박식하다는 이야기를 들은 바 있는 정부 관료의 초대로 자오칭에 정착한다. 마테오 리치는 중국어로는 최초로 유럽식 세계지도를 제작했고, 포르투갈어-중국어 사전도 편찬했다. 현재 여섯 부의 모사본이 전해 내려오고 있으며, 자오칭에 가면 마테오 리치를 기념하는 명판을 볼 수 있다.

【 청나라 】

명나라가 멸망하고 다시 한번 이방 민족, 즉 만주족이 세운 청나라(1644~1912)가 들어선다. 만주족 또한 지난 이방 민족 출신의 왕조와 마찬가지로 곧 중국 문화에 동화되었다. 청나라는 유럽과 최대한 거리를 두려 노력하며, 유럽인들이 현재 광저우에 해당하는 지역 밖으로 활동 영역을 넓히지 못하도록 애썼다. 하지만 그러한 노력도 서구 제국주의의 시초가 되었던 아편 교역을 막기에는 역부족이었다. 영국이 인도에서 재배한 아편을 중국에 판매한 것이다.

아편은 수백 년 동안 진통제와 항우울제, 배고픔을 달래는 수단으로 쓰였다. 중독성이 있다는 사실은 널리 알려져 있었지만, 그럼에도 불구하고 아편은 1920년대까지도 유럽과 미국에서 합법적으로 사용되었다.

【 아편전쟁 】

영국은 중국에 아편을 팔고 그 대신 그들이 바라 마지않았던 중국의 차*와 비단, 도자기를 대량으로 입수했다. 아편 중독자가 급속도로 늘어나자 중국 황제는 1800년, 아편 교역을 금지하려 시도했지만 황제의 칙령은 무시되었고, 영국은 계속해서 아편을 중국에 팔았다. 그러다 1839년에 이르러 상황이 통제할 수 없을 만큼 심각해지자, 중국 측은 아편 2만 상자를 불태워버렸고, 그렇게 제1차 아편전쟁(1839~1842)이 일어났다. 영국은 중국의 광둥지방을 공격하며, 중국 정부에 홍콩을 할양하고 유럽과의 교역에 5개 항구를 개방할 것을 강요했다. 러시아, 프랑스, 미국과 연합한 영국과의 제2차 아편전쟁(1856~1860)은 말 그대로 악명이 높았고, 그 영향으로 이후 100년 동안 중국인들은 서양인들을 '외국에서 온 악마들'이라고 인식하게 되었다. 가장 최악의 에피소드 중 하나는 서구 연합군이 황실 가족들의 계절 별장, 여름 궁전 두 곳을 약탈하고 불태운 것이었다.

1860년 무렵, 중국은 서구에 많은 것을 양보했다. 외국인들

1905년 네덜란드 화가 휴버트 보스가 그린 서태후의 유화

은 중국의 다양한 지역에 정착할 수 있었고, 중국 법을 어겨도 처벌받지 않았으며, 중국인들은 엄청난 금액의 전쟁 배상금을 지불해야 했다. 19세기 말, 황제의 자리에 네 살의 어린아이였던 광서제가 오르자, 그의 이모이자 양어머니인 서태후가 섭정하며 국정의 실권을 쥐었다. 진보적인 지식인들은 현대화를 위한 개혁을 시행할 것을 왕실에 요청하였으나, 그들이 마주한 것은 적대감 또는 무관심이었다. 서구 열강과 일본이 발달한 기술 덕분에 힘을 키우고 있는 동안, 중국은 오히려 과거로 퇴보하면서 약해지고만 있었다.

【 의화단 운동 】

상황은 악화일로였다. 서태후는 세금을 인상했고 가난한 농민의 생활은 더욱 어려워졌다. 엎친 데 덮친 격으로 18세기 말 전쟁과 홍수, 기아, 가뭄이 중국을 휩쓸었고 서구 열강들은 중국의 희생을 기회 삼아 막대한 이윤을 취했다. 결국 농민들의 분노가 폭발했고, 이는 의화단 운동으로 이어졌다.

　서구 열강에 반대하는 비밀결사단인 의화단은 산둥지방에서 결성되었고 점차 약해져만 가는 정권 아래 힘을 키워갔다. 농민들 가운데서 의화단의 인기가 높아지자, 의화단원들은 지금이야말로 중국 내 외국인들을 몰아낼 절호의 기회라고 생각했다. 이러한 판단 아래 의화단은 1900년, 외국인 선교사들과 기독교도 중국인들을 살해하고, 교회와 철도 시설을 파괴했으며, 베이징에 입성한 뒤에는 외국공관을 습격했다.

외국 군대들이 빠르게 개입하면서 의화단의 승산은 없어졌지만, 중국 각지에서 청 왕조를 무너뜨리고 외국인을 몰아내겠다는 비밀결사단이 우후죽순 일어났다. 오늘날 현대 중국의 아버지라 칭송받고 있는 쑨원도 1905년, 이러한 혁명단체 중 하나였던 국민당의 지도자가 되었다. 그로부터 얼마 지나지 않은 1908년, 서태후와 광서제가 사망하고 황제 자리에는 당시 두 살에 불과했던 푸이가 올랐다. 훗날 이탈리아 감독 베르나르도 베르톨루치는 푸이의 이야기를 〈마지막 황제(1987)〉라는 영화로 제작하여 많은 사람들에게 중국의 슬픈 역사를 알렸다. 꼬마 황제 푸이의 통치는 오래가지 않았다. 1911년 혁명이 일어났고 청나라 정부는 패배를 시인했다. 1912년 쑨원은 중화민국의 성립을 선포했다.

【 군벌, 국민당과 공산당 】

어린아이에 불과했던 마지막 황제 푸이가 퇴위한 뒤, 위안스카이가 임시 총통 자리에 올라 독재자로 군림했다. 그러다 1916년 그가 사망하자 중앙정부는 붕괴되었고, 각 지방에는 군벌 정권이 들어섰다. 극심한 기아가 중국을 덮쳤고, 세상은 무법천지가 되었다. 1921년, 쑨원은 신정부를 수립하고 초대 총통으로 취임했다. 같은 해, 이웃국가였던 소련 정권과 강한 유대관계를 맺고 있던 중국의 공산당도 창립되었다. 1923년부터 공산당은 중국의 재통합을 위해 국민당과 협력하며 점차 중국 농민층의 지지를 얻어갔다. 그러다 1925년 쑨원이 사망하자 국민당에 새로운 지도자 장제스가 취임했고, 그는 곧 공산당에게 전쟁을 선포했다.

1926년, 그렇게 내전이 시작되었다. 이미 열악한 상황이었던 빈민들의 생활은 더욱 악화되었다. 미국 언론인 에드거 스노와 동시대 작가들은 당시 끔찍했던 상황을 생생한 글로 남겼다. 어린이들은 공장에서 하루 12시간씩의 살인적인 노동에 시달렸고, 하루에도 수백 명이 길거리에서 굶주림으로 죽어갔으며, 밤이면 수레들이 나타나 쓰레기를 치우듯 거리의 시체들을 실어 날랐다. 중국의 통치권을 두고 공산당과 국민당이 치열하게 싸우는 동안 일본은 1932년 만주 전역을 점령하고 만주국을 세웠고, 1937년에는 상하이까지 공격해 들어왔다. 제2차 세계대전 동안 중국 내 다양한 정치단체들은 대동단결하여 침략국 일본에 맞섰다. 하지만 1941년 장제스가 미국과 영국의 원조를 받자 마오쩌둥과의 관계는 급속도로 악화되었고, 이후 수년 동안 관계는 회복되지 않았다. 대부분의 중국 노인들은 전쟁 중 일본의 잔혹함을 여전히 잊지 못하고 있다.

【 중국 공산당의 대장정 】

1934년부터 1935년까지 공산당은 국민당 군대에 쫓겨 중국의 동남부에서부터 서북부까지 횡단하는 '대장정'을 해야만 했다. 1946년 국공내전이 재개되었고, 1949년 마오쩌둥이 이끌었던 홍군은 국민당의 수도였던 난징을 함락시키며 승리를 거뒀다. 공산당에 패배한 장제  스는 가난해진 고국의 '중앙은행'이 보유하고 있던 황금을 가지고 타이완으로 도주했다. 현재는 국경절이자 공휴일이 된

1949년 10월 1일, 마오쩌둥은 천안문 광장에 있는 25만 명의 군중을 마주하고 정문 꼭대기에 서서 중화인민공화국을 선포했다.

【 중화인민공화국 】

중화인민공화국 건국 후 얼마간은 국민 대부분의 생활 형편이 나아졌다. 이 때문에 1950년대 초반을 마오쩌둥 통치기간의 황금기로 기억하는 사람들이 있다. 그러다 1958년, 경제 발전을 위한 5개년 계획인 '대약진운동'이 시작되었다. 사상에 치우쳤던 이 운동은 중국이 실용주의 노선을 벗어난 정치운동을 시작하는 시발점이 되었다. 1959년과 1960년, 홍수와 가뭄으로 중국 전역이 기아에 허덕였고, 1960년 중소분쟁이 일어나자 소련이 중국에 대한 원조를 중단하면서 상황은 더욱더 악화되었다.

　하지만 1960년대 중반, 덩샤오핑(이후 국가주석)과 류샤오치가 권력을 장악하자 여러 변화가 일어났다. 정부가 이전과는 달리 자유시장을 권장하기 시작했고, 농민들은 토지를 소유할 수 있게 되었으며, 소련의 영향을 받았으나 처참히 실패한 정책들은 아주 신속히 폐기되었다.

【 문화혁명 】

중국이 다시 자본주의의 길로 빠져들고 있다고 생각한 마오쩌둥은 1966년 문화대혁명(1966~1976)을 일으켰다. 청소년으로 구성된 홍위병이 조직되었고, 이들은 "마오쩌둥의 사상을 받들고, 자본주의자를 타도하며, 교육과 문학 예술을 혁신하고, 사회주의 체계를 발전시키자!"는 것을 목표로 삼았다.

그로부터 10년 뒤, 1976년 9월 9일 마오쩌둥이 파킨슨병으로 세상을 떠날 즈음 중국은 잔혹한 혼란 속에 깊게 빠져 있었다. 학교와 대학은 폐교되었고, 교사들은 모욕과 핍박을 당했다. 지식인이나 자본주의 딱지가 붙은 사람은 모두 고문을 당하거나 죽임을 당했고, 그게 아니면 열악한 환경의 강제노역장으로 보내졌다. 허용되는 음악이라고는 마오쩌둥의 아내, 장칭이 프롤레타리아에게 적합하다고 여긴 여덟 편의 '혁명 경극, 무용극, 교향곡'이 전부였다. 서점에는 마오의 작은 붉은 책이라는 별칭으로 유명했던 '마오쩌둥 어록'만이 가득했고, 그 외의 다른 책은 거의 찾아볼 수가 없었다.

수백만 명의 목숨이 희생되었고, 수많은 이들이 절망 가운데 자살을 택했다. 이 집단적 광기의 잔인했던 10년은 오늘날 생동감과 자신감 넘치는 중국과는 전혀 어울리지 않는다. 이 시절에 대해 잘 모르는 중국의 젊은 층이 많지만, 이 10년은 실재했다.

【개방정책】

1970년, 마오쩌둥은 무너진 질서를 복구하려 했던 저우언라이 총리의 계획을 뒤늦게 지지했다. 혼란을 끝낼 기회의 창은 1972년 미국 대통령 닉슨의 방중 때 열렸다. 그리고 마침내 마오쩌둥이 세상을 떠나고 마오의 아내 장칭을 비롯한 4인방이 구속되고, 1년 뒤 덩샤오핑이 온갖 역경을 극복하고 다시 권좌에 올랐다.

덩샤오핑의 위대한 업적은 바로 '개방정책'을 선택해 오랫동안 세계무대를 떠나 있었던 중국을 복귀하게 만든 것이다. 실용주의자였던 덩샤오핑은 마오쩌둥의 교조주의와 정면으로 대치되는 "검은 고양이든 흰 고양이든 쥐만 잘 잡으면 된다"는 유명한 말을 남겼다. 덩샤오핑은 시장

장려책을 도입했고, 대외무역을 장려했다. 그리고 덩샤오핑 이후의 중국 주석들도 모두 그의 이런 정책을 계승했다.

1979년부터 중국의 경제는 대략 7년 반마다 2배씩 증가했다. 미친 듯한 경제 성장은 집단적 사고방식은 말할 것도 없고 교육, 유흥, 문화 등 공적이고 사적인 생활 모든 영역을 완전히 바꿔놓았다. 덩샤오핑의 유명한 발언 "부유해지는 것은 영광스러운 것이다"는 마오쩌둥의 "더 가난할수록 더 좋다"와는 상당히 동떨어진 것으로, 중국인들에게 널리 내재화되고 보편적으로 받아들여졌다.

【 새천년의 도래 】

20세기 말에는 중요한 사건들이 많지만 그중에서 1989년 천안문 광장에서의 민주화 시위가 있다. 평화적인 시위에 대한 정부의 대응은 수많은 지식인들과 학생들이 80년대 내내 품어왔던 희망, 즉 경제적 성장이 결국 정치 개혁까지 불러오리라는 희망을 짓밟아버렸다. 사건들은 충격적이었지만 그럼에도 많은 이들이 두려워했던 혼란 속으로 중국을 밀어 넣지는 않았다. 정부와 일반 대중들은 그 대신 안전성과 지속적인 경제적 발전을 우선시하기로 했다.

또 다른 주요 사건으로는 1997년 영국 조차지였던 홍콩의 예상 밖의 평화적인 이양, 1999년 포르투갈령 마카오의 중국 반환이 있었다. 21세기에는 획기적인 사건이 더 많았다. 2001년에는 15년 간의 협상 결과로 중국이 세계무역기구WTO에 가입하게 되었고, 2008년에는 베이징에서 올림픽이 열렸다.

【 오늘날의 중국 】

중국의 야망은 이미 오래 전부터 국경을 초월했다. 계속 진행 중인 일대일로 정책에도 그러한 야망이 깊게 박혀 있으며, 이 정책은 2013년 시진핑 주석이 처음으로 발표한 이후 계속 어마어마한 논란을 낳고 있다. 느슨하게 정의된 이 멀티프로젝트 계획은 아시아, 유럽, 아프리카 국가들과 중국을 연결하는 기반시설을 마련하는 것이 목표로, '뉴 실크로드'라는 별명이 붙었다. 때문에 중국 밖에서는 경제적 제국주의에 대한 걱정을 불러일으키고 있다. 실제로 입이 떡 벌어질 정도의 규모임은 부인할 수가 없는 것이, 중국이 프로젝트에 쏟아 부으려고 계획하고 있는 투자금은 무려 총 1조 달러에 달한다.

예를 들어 일대일로 정책의 일부로서, 중국은 초기 자본금으로 1천 억 달러를 마련했고 아시아 다른 지역의 건설을 돕기 위해 아시아인프라투자은행AIIB에도 자금을 대고 있다. 일부 아시아 국가들이 IMF와 세계은행 때문에 서구 국가들에 의해 지배를 받는 것처럼 보였듯이, AIIB도 의심의 여지없이 그들에 필적하는 존재가 될 것이다.

인도가 빠르게 뒤쫓아 오고 있지만, 2022년 기준으로 중국이 세계에서 가장 인구가 많은 국가이다. 1949년 중화인민공화국 설립 이후 30년 동안 나라에서는 그 어느 때보다 많은 자녀를 낳으라고 장려했으며, 그 결과 인구는 2배가 되었다.

출산율 관련 포스터

마오는 말했다. "중국인이 더 많을수록, 더 좋다." 대가족에 대한 중국인들의 전통적인 갈망이 수십 년간 여과 없이 발현되다가 결국 1979년 한자녀정책이 채택되기에 이른다. 정부는 이 비인기 조치를 강화하기 위해 가능한 모든 수단을 이용했다. 그 결과 공식적인 추산에 따르면 매년 '겨우' 2,500만 명의 신생아가 태어나게 되었다. 하지만 중국인들이 장수하게 되면서, 결국 늘어나는 노인들을 책임질 젊은 일꾼들이 부족하게 되었다.

2015년 10월, 한자녀정책 폐지가 발표되었고, 이제 모든 가족들은 두 자녀 갖기가 허용, 오히려 장려되고 있다. 하지만 정부가 실현되길 기대했던 베이비붐은 아직 나타나지 않고 있다. 2019년 중국사회과학원에서 발표한 연구에 따르면, 중국은 2030년까지 '마이너스 인구 성장의 시대'에 들어설 거라고 한다. 다른 연구들도 2024년까지는 인구가 줄어들기 시작할 거라고 예측했다. 각종 연구 결과는 지금과 같은 추세에 극단적인 변화가 없는 한 2065년 중국 인구는 1990년대 중반 인구와 같아질 거라고 경고한다. 이는 세계 2위의 경제 대국 입장에서 좋은 징조가 아니다. 이 주제와 관련해서는 5장을 확인하라.

【 새로운 도시의 시민들 】

오늘날 60퍼센트의 인구가 도시에 살고 있고, 도시화 비율은 감소할 징후가 전혀 보이지 않고 있다. 점점 팽창하는 메가시티의 불편함을 해소하기 위해, 정부는 꼭 필요한 신도시를 건설하고 있다. 중국에는 인구 100만이 넘는 도시가 100개 이상이다(미국은 10개). 베이징, 상하이, 그리고 충칭은 가장 인구밀도가 높은 도시들이며, 상하이의 인구밀도는 제곱마일 당 7,000(제곱킬로미터당 2,700)명에 달한다.

중국 정부와 경제

【 빈부격차 】

세계은행에 따르면 덩샤오핑이 경제 개혁의 시동을 걸었던 1978년 이후, 약 8억 5천만 중국인이 가난에서 벗어났다고 한다. 하지만 소득격차는 점점 커지고 있다. 늘어나는 소득불평등은 해안 도시 지역과 내륙 시골 지역의 생활수준 차이에서 뚜렷이 드러난다. 아직도 4,500만 명, 대략 인구의 3퍼센트가 빈곤선(중국 정부의 규정으로는 매일 1달러 이하의 돈으로 생활을 유지하는 수준) 이하의 삶을 살고 있고 수억 명의 인구가 빈곤선을 겨우 벗어나 근근이 살아가고 있지만, 2~3일에 한 명씩 새로운 억

만장자가 탄생하고 있다. 사실 베이징은 현재 최고의 억만장자 도시이다. 중국의 수도를 고향이라고 여기는 억만장자들이 세계 그 어떤 도시보다 베이징에 많이 살고 있다.

의료와 교육 서비스 제공의 불평등도 역시나 늘어가고 있다. 이는 부분적으로 비용 증가 때문이기도 하고(대부분의 경우 양질의 의료 서비스와 교육 서비스는 서류상에서만 무료이다), 부분적으로는 그 지역에 살고 있는 것으로 등록이 된 거주민들만이 교육과 의료 등 서비스에 접근할 수 있도록 규정하는 호구제도 때문이기도 하다. 이런 구식 시스템은 일련의 사회 문제를 일으키고 있는데 그중에는 '유수아동'이 있다. 시골 노동자들이 도시로 이주하면서 아이를 시골에 두고 갈 수밖에 없는 상황이 생긴다. 도시에 있는 학교에는 아이들을 입학시킬 자격이 없기 때문이다. 이런 상황에서 부모와 자녀가 주로 신년 연휴 동안 일 년에 겨우 한 번 만나는 것은 특이한 일도 아니다. 호구 제도가 조만간 폐지될 거라는 이야기는 줄곧 있어왔지만, 당장은 문제가 더욱 심해지고 있다. 느린 경제 성장과 더불어 사회적 불평등, 소득 불평등에 대한 커져가는 불만은 중국의 내부 안정화에 가장 큰 위협으로 보인다.

하지만 전체적으로 보아 전반적인 호황은 부정할 수 없다.

비평가들은 회의론을 펼치기도 하지만, 중국 정부는 절대적 빈곤을 뿌리 뽑겠다는 목표를 제대로 진행시키고 있는 것으로 보인다. 2017년에만 1,300만 명이 빈곤에서 벗어났다고 하니 말이다. 이 변화가 지속가능한지는 오직 시간이 흘러봐야 알 수 있을 것이다.

정치 정세

중국 공산당은 1921년 7월 23일 창당되었고 1949년 10월 1일부터 중국을 통치했다. 2018년 중순, 전체 인구의 6.28퍼센트인 약 8,780만 명이 공산당원인 것으로 보고되었다. 한때는 직업이나 집을 구할 때, 교육을 받을 때의 전제조건이 공산당원이 되는 것이었지만, 지금은 더 이상 그렇지 않다. 사실상 입당은 1년 이상의 시간이 걸릴 수도 있는 길고도 복잡한 과정이되었다. 당이 성과주의를 내세우려함에 따라 이념적 충성을 주장하는 것만으로는 더 이상 충분하지 않게 되었다. 개인은 자신의 학문적 성취, 전문적인 재능, 특정한 도덕적 자질의 수준을 증명해야만 한다. 당은 여전히 민주적으로 책임을 지지 않으며, 중국의 경제 발전에 비해 정치적 변화는 그 수준에 못 미치고 있다. 안정과 지속적인 경제 성장이 무엇보다 중요하게 여겨지는 상황이다.

현재 시진핑 주석은 마오 이후 중국에서 가장 강력한 정치인으로 보인다. 전임자들이 한 팀으로 함께 일하는 유능한 실력자에 지나지 않았다면, 시진핑은 2012년 주석에 오른 이후 전례 없는 권력을 중앙집권화하기 위해 애썼다. 2018년 중임 제한 항목을 삭제한 헌법 수정안이 발표되면서 시진핑은 이제 평생 동안 유임이 가능해졌다. 반부패 캠페인, 빈곤 완화 노력, 더욱 적극적인 외교 정책으로 대중의 인기를 얻은 시진핑은 공공 생활의 모든 측면에 대한 정부의 통제를 강화했다.

잠깐 중국을 방문한 사람의 입장에서는 즉각적으로 눈에 띄지 않을 수도 있다. 중국 도시에서의 생활은 여전히 활기차고 활발하며 다양하게 느껴진다. 하지만 전반적인 분위기에서 확실한 변화가 느껴진다. 개인적으로는 정치와 사회에 대해 솔직한 의견을 나누는 것을 꺼리지 않을 수도 있지만, 인구의 상당 부분, 특히 35세 미만의 사람들은 스스로를 완전히 비정치적이라고 내세운다. 그들은 단순히 정치는 그들과 아무런 상관이 없다고 느끼고 있다.

부패에 대한 정부의 노력에도 불구하고, 노동자의 시위 진압이나 인권 침해 같은 위법 행위는 여전히 일어나고 있다. 그리고 정부 통제하의 미디어에서는 이런 것들을 대부분 보도조차 하지 않는다. 사람들은 여전히 정의에 호소하는 유일한 방법이 거리로 나가는 것이라고 느끼기도 한다. 비록 공공 항의 집회의 규모는 일반적으로 줄어들었지만, 매년 공식적으로 수백 명이 시위에 참여한다.

중국은 엄격하게 인터넷을 감시하고 국가의 (또는 공산당의) 이익에 해를 끼칠 것으로 간주되는 사이트는 아예 차단한다. 이런 시스템은 '만리방화벽'이라고도 불린다. 페이스북, 유튜브, 왓츠앱, 트위터, 인스타그램, 레딧, 핀터레스트, 쿼라 같은 대부분의 소셜미디어 웹사이트 뿐만 아니라 구글까지도 금지이다. 뉴욕타임즈, 블룸버그, 인디펜던트, BBC, 월스트리트저널, 이코노미스트, 타임 등의 유명 서구 미디어도 마찬가지다. 파룬궁(금지된 종교 집단) 같은 단어 검색도 막혀있다. 하지만 요령 있는 인터넷 유저들은 이미 한 발 앞서 VPN(가상 사설 통신망) 기술을 이용해 접속 금지된 웹사이트에 익명으로 접근하는 법을 알고 있다. 정부는 VPN 소프트웨어를 주기적으로 점검하고 있다. 중국 소셜미디어에서의 VPN 사용에 대한 언급은 권장하지 않는다. 특히 트위터에서의 활발한 활동은 보안국 방문을 요청받을 수도 있다. 그래도 외국인이나 지역 주민들은 여전히 구글링을 하고 인스타그램에 포스팅을 하고 있다. 2015년 여름 톈진 화학 공장에서의 대규모 폭발처럼 사고 장면을 휴대폰으로 찍어 올린 것이 소셜미디어 상에서 입소문이 날 때도 있는데, 곧 공식적인 검열 때문에 영상 유통이 막힐 수 있다.

더 큰 중국

'더 큰 중국'에는 본토 중국뿐만 아니라 홍콩, 마카오, 타이완이 포함되며, 주로 문화적 그리고 경제적, 때로는 정치적 유대를 설명할 때 이용된다. 19세기 중반 아편전쟁 이후 대영제국의 식민지였던 홍콩은 1997년 중화인민공화국에 되돌아갔다. 수세기 동안 포르투갈의 지배를 받던 마카오는 1999년 중국의 손에 다시 넘겨졌다. 본토 해안에서 남동쪽으로 180km 떨어져 있는 타이완은 1949년 국민당이 내전에서 패해 옮겨간 뒤 중화민국(ROC)로 알려져 왔다. 타이완은 여전히 민감한 문제이다. 많은 본토 중국인들은 타이완이 다시 본토 중국에 통합되는 것은 시간문제라고 생각하고 있다.

【홍콩】

마카오와 함께 중국의 특별행정구역^{SAR} 두 곳 중 하나인 홍콩은 중국의 행정 제도 내에서 가장 높은 수준의 자치권을 누려왔다. '하나의 중국, 두 개의 체제'라는 원칙 아래, 홍콩은 2047년까지 아무런 주요 변화 없이 지내게 될 거라는 약속을 받았으나 홍콩을 향한 정치적 통제는 점점 심해지고 있다. 하지만 홍콩에는 아직 (상대적으로) 언론의 자유가 있다. 비록 조심스럽기는 하지만 말이다.

2019년 시작된 광범위한 시위는 홍콩의 정치적 미래를 불확실하게 만들었다. 2020년 6월 베이징에서 제정된 홍콩 국가보안법 논란 때문에 '하나의 중국, 두 개의 체제'라는 골조가 무너지기 시작했다. 4대 범죄(분리 독립, 전복, 테러, 공모)를 국가 안보를 위협하는 것으로 규정하는 이 법 때문에 결국 베이징이 반체제 인사들의 목소리를 영원히 잠재울 거라는 우려가 생겨났다.

홍콩은 중화인민공화국이 들어선 이후 오랫동안 금지 당했던 전통적인 중국 문화의 특징들을 많이 유지하고 있다. 또한 홍콩의 경제적인 성공을 이끌었던 특유의 활력과 성실한 업무 태도도 특징이다. 1980년대와 1990년대 전성기 동안 홍콩의 상업 영화와 음악은 중국 전 세대에 중요한 영향을 끼쳤고, 홍콩은 꿈의 종착지 같은 이미지를 얻었다. 하지만 최근 들어 본토는 성장을 이어가는 반면, 홍콩의 경제는 점점 더 침체되고 있다. 사실상 2018년에는 인접한 선전의 경제가 홍콩을 넘어서기도 했다.

【마카오】

중국 본토 남부의 아주 작은 반도와 홍콩 서쪽의 작은 섬들로 이루어진 마카오는 인구가 65만 명밖에 되지 않는다. 하지만 수치만 보고 우습게 생각하면 안 된다. 이곳은 지구상에서 가장 인구 밀도가 높은 곳이기 때문이다. 게다가 이곳은 세계에서 기대 수명이 가장 높은 곳이기도 하다. 포르투갈은 마카오에서 관대한 형태의 식민주의를 시험했기에, 19세기 중반 도박을 합법화했다. 마카오는 더 큰 중국 중에서 유일하게 도박이 합법인 곳이며, 그런 이유로 이곳 도박 산업의 규모가 라스베이거스의 6~7배인 것도 놀랄 일은 아니다. 본토와 홍콩 사람들은 매일같이 버스(또는 고급 스포츠카)를 타고 마카오의 카지노를 방문한다. 기막히게 돈이 많거나 또는 돈은 적지만 생각이 없는 사람들이 서로 어깨를 맞대고 긴장을 푸는 곳이 바로 이곳이다. 오래된 식민지 시절 유적과 호화로운 새 건물의 대조 덕분에 낮 시간에도 관광하기 매우 좋은 곳이다.

【 타이완 】

1949년 정치 엘리트, 군 인사, 국민당 후원자 등으로 구성된 200만 명의 사람들이 타이완으로 도망을 쳤고, 이들이 중화민국으로 알려진 잔류파가 되었다. 엄밀히 따지면 중화인민공화국과 중화민국은 지금까지 서로 합의를 보거나 서명을 한 적이 없기 때문에 아직도 전쟁이 진행 중이라고 할 수 있다. 타이완은 민주적으로 선출한 정부를 독자적으로 가지고 있지만, 공식적으로 타이완을 국가로 인정하는 나라는 극히 적으며, UN에 의석도 없다. 중화인민공화국과 본토 중국인들은 타이완을 조만간 중국에 예속될 중국의 한 지방으로 보고 있다. 중국과 대만 간의 경제활동은 점점 눈에 띄게 증가하고 있음에도 불구하고, 최근 몇 년간 정치적 긴장감은 새롭게 고조되고 있다.

환경

【오염】

공기 오염과 관련된 호흡기 질환과 심장 질환이 중국의 주된 사망 원인이다. 2018년 홍콩 중문대학교의 연구에 따르면, 매년 110만 명에 이르는 인구가 조기 사망한다. 에너지 생산에 있어서 석탄 의존도가 여전히 높기 때문에, 그 결과로 겨울 동안 북부 지방의 공기 오염이 특히 심하다. 몇몇 도시는 며칠 동안 희부연 공기로 뒤덮여 있기도 한다.

오염과 관련된 불만이 많은 동시에, 시민들은 적응을 위해 할 수 있는 것들을 다 하고 있다. 자녀를 나가서 놀리기 전에는 앱을 통해 대기 상태를 확인하며, 가게에서는 다양한 종류의 오염 물질 필터 마스크를 판매하고 있다. 여유가 있는 사람들은 집에 공기 정화기를 설치하기도 한다. 사업 분야에서도 마찬가지다. 사립유치원부터 승차호출 앱까지 잠재적인 고객을 끌어들이기 위하여 정화된 실내 공기 환경을 제공하는 것이 유행하게 되었다.

중국의 경제 성장 역시 다른 방식으로 환경에 피해를 주고 있다. 공장의 폐기물과 오수가 대거 강과 호수로 유입되어, 강물 대부분이 녹조 말고는 아무런 생명체도 살지 못하는 무산소 상태다. 또한 사막 면적은 매년 약 2,460km²씩 증가하는 것으로 알려져 있다.

정부는 이 문제를 매우 잘 알고 있어서, 최근 몇 년 간은 경제 성장을 희생하지 않으면서 오염 문제를 해결할 수 있는 미묘한 균형 상태를 찾기 위해 애를 쓰고 있다. 2015년 파리에서 열린 기후변화총회에서 중국을 포함한 195개국은 온실가스 배출량을 규제해 지구온난화를 막자는 요지의 협약에 서명했다. 이후 2016년 9월, 중국에서 처음 개최되었던 항저우 G20 정상회담의 개회 전일, 중국의 국가주석 시진핑과 미국 대통령 버락 오바마는 파리기후변화협약을 공식 비준했다.

그 결과 수많은 혁신적인 전략이 등장했다. 예를 들어 베이징에서는 자동차 번호판 끝자리가 홀수인지 짝수인지에 따라 격일로만 차를 운전할 수 있다. 상하이에서는 매년 자동차 번호판 발급이 제한되어 있어 차보다 번호판에 더 많은 돈을 쓰는 경우도 있다. 다만 전기 자동차를 사는 경우에는 이 비용이 무료이다. 그러나 환경보호에 대한 대중의 인식은 아직도 초기 단계에 머물러 있어서, 온라인 쇼핑이나 저렴한 24시간 음식 배달 같은 새로운 도시형 소비 습관이 환경 문제를 더욱 부추기고 있다.

중국은 재생 가능한 에너지에 큰 계획을 품고 있다. 석탄 대신 친환경 에너지 솔루션으로 눈을 돌리고 있기에, 중국은 세계 최대 태양 전지판 제조국이자 소비국이 되었다. 바람, 수소, 원자력 전력원에 대한 투자와 이용도 점점 늘어나고 있다.

중국의 COVID-19

2020년 초 중국 음력 설 직전, 후베이성 성도인 우한은 새로운 질병의 최초 진원지가 되었다. 질병은 물류 허브 도시이자 대학의 허브인 이곳에서부터 중국을 넘어 전 세계로 퍼져 나갔다. 그렇게 세계적인 Covid-19 팬데믹이 시작되었다.

설날 바로 전날, 우한과 나머지 후베이성은 봉쇄에 들어갔지만 이미 수백만 명이 그 지역을 떠난 상태였다. 병을 피해 도망갔다기보다는 연휴를 맞아 고향으로 돌아간 것이다. 곧 중국 대부분 지역은, 비록 그보다는 약하기는 하지만 유사한 조치에 들어갔다.

중국인들은 대부분 이 조치를 순종적으로 받아들였다. 중국이 나머지 지방, 나아가 세계를 구하기 위해 한 지역을 희생시키고 있다는 것이 일반적인 중국인의 사고방식이었다. 그래서 모두들 일시적인 불편함을 견뎌내야만 했다.

코로나 바이러스 전염의 위험을 처음으로 경고했으나 질책만 받았던 의사 리원량이 결국 코로나로 죽음을 맞게 되자, 이례적으로 당국을 향한 대중의 분노가 중국 소셜미디어에 불을 지피기도 했다. 그러자 당국에서도 역시나 이례적으로 곧바로 수사에 착수하고 리원량의 가족들에게 사과를 하기도 했다.

팬데믹 때문에 중국 공산당의 이미지는 전 세계적으로 더럽혀졌지만 중국 내 반응은 이와 달랐다. 공산당의 단호한, 어쩌면 너무나 가혹한 문제 해결 방식은 초기의 관리 실수를 만회하는 기회가 되어 국민들의 용서를 얻었으며, 심지어 공산당의 위치는 더욱 굳건해졌다. 사람들은 정부가 초기 잘못을 바로잡았으며, 인간의 목숨을 존중했고, 경제적 손실보다는 시민의 안전을 선택했다고 받아들였다.

02

가치관과
사고방식

중국의 우주론은 이 세상 만물이 음과 양의 두 기운으로 나누어져 있다고 본다. 음과 양은 상반되나 상호 보완적인 성질을 띠고 있는데, 음은 땅, 달, 여성, 차가움, 어둠에 해당하고, 양은 하늘, 해, 남성, 뜨거움, 밝음에 해당하며 용은 양의 화신이다.

주요 사상

중국의 역사는 무질서한 혼란을 피하고 사회질서를 수립하고 자 한 지난한 과정으로 요약할 수 있다. 지난 3000년 동안 중 국 사회의 발전에 영향을 준 네 가지 문화 요소로 유교, 법가, 도교, 마오쩌둥주의/마르크스주의를 들 수 있다. 일상생활에 서 뚜렷이 드러나는 유교의 핵심 가치는 노인과 조상을 향한 공경과 존경, 즉 효도이다.

【 유교사상 】

기원전 6세기경 유교는 선과 학식, 효심 등을 중심으로 한 윤 리체계를 최초로 수립했다. 오늘날 중국 공산당은 보수적인 유 교사상을 다시 꺼내어, 더욱 문명화된 통일국가를 세우자는 뜻의 '조화로운 사회'를 주창하고 있다. 많은 사람들이 유교사 상 덕분에 중국이 여러 난관을 극복하고 바로섰다고 생각한 다. 또한 유교의 가르침이 예, 의, 신의 필요성을 강조했다고 보 는 시각도 있지만, 유교가 봉건주의와 성차별의 방어벽에 불과 했다고 보는 시각도 존재한다. 몇몇 평론가들은 오늘날 중국의 중앙집권적인 권력이 율법주의의 영향이라고 본다.

【법가사상】

법가사상가들은 진시황이 분열된 중국을 재통일했던 기원전 221년 짧은 전성기를 누렸다. 법가는 성악설을 믿었으며, 무자비한 법의 시행을 통해서만 인간의 맨 밑바닥에 있는 충동을 다스릴 수 있다고 생각했다.

【도가사상】

기원전 570년경 출생한 노자가 정립한 도가사상은 유교의 도덕적 이상주의와 법가가 주장하는 법치를 사회적 억지의 산물

도교 사원

로 보고 거부했다. 도교 사상가들은 자연과 조화롭게 사는 데
서 의가 흘러나온다고 했다.

【 마르크스주의와 마오쩌둥주의 】

19세기와 20세기 혁명가들에게 지대한 영향을 주었던 칼 마
르크스의 저술은 계몽사상의 이성주의와 유대 기독교의 종교
적 전통에 그 바탕을 두고 있다. 쑨원과 중국의 초대 혁명가들
또한 기독교의 선악 개념에 영향을 받았으며, 사회적 평등과
부의 공유에 대한 기본 개념은 그야말로 핵심이었다.

"교육을 받고 군사화된 새로운 타입의 노동자." 1965년.

중국 공산당은 소련에게서 많은 아이디어를 차용하다가, 1949년에 이르러서야 마오쩌둥이 독자적인 사상을 정립하기 시작했다. 마오는 국민에게 가난한 소작농과 사회의 빈곤층에 동질감을 느낄 것을 지속적으로 권했고, 그에 따라 1950~1970년대는 "가난할수록 더 좋다"는 슬로건이 중국 사상의 일부로 자리 잡았다. 사람들은 보석 같은 개인적인 장신구를 하지 않았고, 새로운 겉옷이나 바지를 입는 사람들은 낡고 다 헤진 헌옷 아래 새옷을 숨겨 입었다. '철밥통'의 은유도 마오쩌둥주의에서 나온 것이다. 그 시절 사람들은 (보수는 형편없지만) 평생 고용이 보장되는 직장을 할당받았다. 그들의 '철밥통'은 절대 깨지는 법이 없었지만 사실 그 안에 담긴 것은 배불리 먹을 수도 없는 적은 양의 맛없는 밥뿐이었다.

　　건국 초반 공산주의자들은 이 철학을 따랐지만 극기만을 강조하는 이 철학은 오래가지 못했다. 1960년대에 이르면, 중국의 새 지도층이 보통 사람에게는 금지된 쾌락 중 많은 부분을 몰래 다시 즐기기 시작한다. 오늘날 마오쩌둥에 대한 중국의 공식적 평가는, 덩샤오핑이 말한 바 있듯 "70%는 잘했지만 30%는 잘못했다"는 것이며, 특히 그가 추진한 문화혁명은 '실수'로 여겨지고 있다. 그럼에도 불구하고 마오쩌둥의 초상화는 여전히 자금성 입구에 걸려 있고, 방부 처리한 그의 시신은 톈안먼 광장의 마오주석기념관에 안치되어 있으며, 어린이들은 학교에서 마오쩌둥의 가르침을 공부한다. "가난할수록 더 좋다"는 마오의 슬로건은 훗날 그보다 훨씬 유명해진 덩샤오핑의 "부자가 되는 것은 영예로운 일"이라는 말로 대체되었지만, 중국을 방문한 외국인이 마오를 비판하는 것은 여전히 무례한 일로 여겨진다. 중국인들은 사석에서 마오를 비판해도 되지만, 공개적인 자리에서는 절대 그래서는 안 된다. 2015년 4월, 비푸젠이라는 이름의 CCTV 유명 사회자가 사적인 저녁식사 자리에서 마오를 모욕하는 모습을 찍은 동영상이 인터넷에 올라왔다. 비푸젠은 사과했지만 결국 일자리를 잃어야만 했다. 하지만 지금으로부터 수십 년 전에 이런 일이 일어났다면 일자리를 잃는 수준의 솜방망이 처벌로는 어림도 없었을 것이다.

【음과 양】

중국의 우주론은 이 세상 만물이 음과 양의 두 기운으로 나누어져 있다고 본다. 음과 양은 상반되나 상호 보완적인 성질을 띠고 있는데, 음은 땅, 달, 여성, 차가움, 어둠에 해당하고, 양은 하늘, 해, 남성, 뜨거움, 밝음에 해당하며 용은 양의 화신이다. 중국인들은 해를 '타이양'이라고 부르며, 해와 양을 여전히 연관 짓고 있다. 음과 양이 번갈아 작용하기 때문에 밤이 가면 낮이 오고, 계절은 순환한다. 이 양극을 보여주는 도형이 있다. 밝은 양과 어두운 음이 맞물려 있는 이 대칭 도형을 보면, 음 안에는 양의 핵이 있고, 양 안에는 음의 핵이 있어 서로 조화를 이루고 있다. 이 도형은 순수한 남성 혹은 여성은 존재하지 않으며, 남성 안에는 여성이, 여성 안에는 남성이 있다는 것을 보여준다. 음양의 조화라는 이 원리는 중국 철학 안에 깊이 뿌리박혀 있다.

【풍수】

중국어로 풍은 바람을, 수는 물을 의미한다. 풍수는 자연환경이 인간의 길흉화복에 영향을 미친다는 중국의 전통적인 믿음을 이르는 말이다. 이에 따르면 묏자리나 절 또는 집, 특히 나랏일을 보는 관청을 세울 터를 볼 때는 주위의 언덕과 들판, 물줄기를 모두 고려해야 한다. 상서로운 기운의 터를 고르는 일에는 복잡한 기술이 요구되므로 터를 잡아야 하는 가족 또는 기관은 보통 결정을 내리기 전, 상당한 비용을 지불하고 지관을 고용한다. 공터에 새로운 건물이나 사무실을 건축할 때,

서양에서는 환경이나 역사적인 이유로 건축 계획을 반대한다면, 중국의 남부 시골마을 주민들은 지역의 풍수를 해친다는 이유로 반대시위를 벌인다.

실용주의

중국 인구와 그에 비해 부족한 사회 안전망 때문에 대부분의 중국인들은 실용주의자들이다. 과거에 경험했던 고난의 결과로서, 오늘날 중국인들은 가까운 가족과 친한 친구들의 안위에만 집중을 하는 경향이 있다. 하지만 공동체 의식은 그만큼 강하지 않다. 나이 든 세대는 열심히 일해서 저축을 하여 그 돈으로 자녀에게 좋은 교육을 제공해주고 집을 마련했으며, 그러고도 남으면 여생을 즐기기 위해 여행을 했다. 중국의 밀레니얼 세대는 다른 나라의 젊은이들과 다를 바 없다. 부모 세대보다 가처분소득이 많고 소비가 많아 쾌락주의적이지만 근면하기도 하며, 더불어 즐거운 걸 좋아하고 중국의 피로 물든 과거에는 크게 관심이 없다. 과거엔 소중하게 여겨졌던 검소함이 그들에겐 별 영향을 주지 않았고, 오히려 '한 번 사는 인생, 욜로'식 태도가 그 자리를 대신했다. 특히 1990년대 후반 세대의 경우에 이런 경향이 더 두드러진다. 그들은 아마도 대출을 하는 데에 큰 고민을 하지 않는 최초의 세대일 것이다.

하지만 젊은이들도 여러 방면에서 부모 세대만큼 실용주의적이다. 많은 이들이 자신이 진정 원하는 것과는 상관없이 예상 수입이 높은 직업을 얻기 위해 학사 학위를 딴다. 때로는 부모의 압력과 효도 때문에 그런 결정을 하기도 하지만, 대부분은 굉장히 치열한 경쟁 사회 속에서 성공하고자 하는 단순한 바람에 기인한다.

차이니즈 드림

정부의 선전 구호인 '차이니즈 드림'은 시진핑 주석이 취임한 지 얼마 안 된 2013년에 처음 소개한 것으로, 후진타오가 내세웠던 '조화로운 사회'를 곧바로 대체했다. 하지만 시간이 갈수록 이 구호는 공식적인 슬로건의 의미를 훨씬 뛰어넘게 되었다. 원래 대외적인 의미는 '중국의 국가적인 회복을 깨닫는 것'으로 번역되었다. 하지만 사회 각 분야의 사람들이 이 슬로건을 마음 깊이 새기기 시작했으며 게다가 개인적인 차원에서도 '아메리칸 드림'과 매우 비슷한 방식으로 사람들에게 영감을 주게 되었다. 수많은 부유층이 여전히 서구로 눈을 돌리고 있지만, 중국 역시 기회의 땅일 수 있다는 매우 강력한 믿음이 떠오르게 되었다. 이곳은 무엇이든 가능하며, 열심히 일하기만 한다면 자신의 운명, 나아가 가족의 운명을 바꿀 수 있다고 말이다. 중국 대도시에서의 삶은 이러한 절박함, 야망, 성공을 향한 추진력으로 정의된다. 하지만 성공을 향한 경쟁과 거기에서 비롯된 문제들, 이를테면 긴 근무 시간, 짧은 휴식 시간, 늘어나는 도시 속 소외 문제 등이 피해를 낳기도 했다. 한 연구에 따르면 35세 이하 국민의 3분의 1이 우울증을 경험했다고 하며, 이 우울증의 원인은 교육, 직업, 경제 상황과 관련있었다.

체면

다른 아시아 국가들과 마찬가지로 중국 역시 체면, 즉 개인적인 평판이나 위신에 매우 민감하다. 곤란하거나 난처한 상황에 처했을 때, 또는 다른 사람들 앞에서 당연한 존중을 받지 못했을 때 체면이 깎일 수 있으며 이는 당사자의 지위에 큰 타격을 준다. 일반적으로 중국 학생들이 수업 시간에 질문을 하지 않거나 공적인 토론에 참여하지 않는 것도 이런 이유다. 부모에 비하면 훨씬 적극적인 세대인데도 말이다. 어려운 질문에 대답하기 힘들면 웃음으로 당황함을 무마하기도 한다. 사람들이 있는 데서 화나 짜증을 내거나 다투는 것도 체면이 깎일 수 있다. 그래서 '곤란하다' 또는 '힘들다'가 종종 '안 된다'의 예의 바른 표현으로 쓰인다. 겉보기에 닫혀 있는 문을 얌전하게 미는 건 가능하지만 발로 차려고 하면 안 된다. 예를 들어, 누군가를 모임에 초대했을 때, 그들이 생각해 보겠다거나 최대한 노력해보겠다고 대답한다면 그들은 모임에 나타나지 않을 가능성이 크다. 하지만 면전에서 모임 불참 의사를 표시했다면 아마 피차 체면이 손상되었을 것이다. 사람들 앞에서 다른 사람을 비판하거나 놀리는 것은 (아무리 그것이 별 것 아닌 듯해도) 절대 해서는 안 되는 일에 속한다.

서양인의 입장에서는 중국인들이 너무 에둘러 표현하느라 시간을 낭비하는 것 같다고 느낄 수 있다. 하지만 중국인의 입장에서는 관계를 유지하고 관련된 모든 이들의 평판을 지키는 것보다 중요한 것은 없다.

하지만 중국인들이 매우 솔직한 순간도 경험할 수 있을 것이다. 정작 솔직하지 않기를 바라는 순간에 말이다. 예를 들어 중국인들은 싱글인지, 지금 만나는 사람이 있는지, 또는 왜 결혼을 했는데 아이가 없는지 아무렇지 않게 질문한다. 또는 누군가 점점 살이 찌는 것 같다고 지적하기도 한다(실제로 '살이 쪘다'는 표현은 모욕의 의미 보다는 단순한 사실 진술로 보인다).

한편 보는 사람이 있는 앞에서 아첨이나 인정을 통해 존경을 표하는 것이 바람직하다고 생각하는 경우도 있다. 어느 정도 사회적 지위에 오른 사람들은 더 이상 돈에 욕심을 부리지 않지만, 자신들이 사람들 앞에서 마땅히 받아야 한다고 생각하는 존중에는 철두철미하다. 상당수의 중국인들이 (진짜이든, 빌린 것이든, 가짜이든) 최신 스마트폰이나 명품 백 등 자신의 지위를 드러내는 물품들을 필수품처럼 사는 것 역시 체면 때문이다.

가족을 향한 태도

중국 사회에서는 모든 개인에게 가족이라는 단위가 핵심이 된다. 결혼을 하고 적어도 한 명 이상의 자녀를 가지는 것이 자식으로서의 도리에 속하며, 아직까지도 종종 이 문제는 개인 선택 사항이 아닌 것으로 여겨진다. 자녀는 우상화되어 '소황제' 현상 속에서 자라난다. 3대가 한 지붕 아래에 사는 것도 흔한 모습이다.

【 아기와 어린이 】

중국인은 아기와 어린이를 아주 좋아한다. 어린이를 향한 이런 깊은 사랑은 부분적으로 대를 이어야 한다는 전통적인 믿음에 기인한다. 자녀를 데리고 여행을 하는 서양인들은 중국에서 관심의 대상이 될 것이다. 어린이뿐만 아니라 어른들까지

도 이들의 관심에 약간 압도당하는 느낌을 받을 수 있다! 모르는 사람도 '삼촌'이나 '이모'라고 칭하듯 허락도 없이 아이의 볼을 꼬집거나 손을 만지는 경우가 생길 수 있다. 부탁하지도 않은 육아 충고를 듣게 되는 경우도 많다. 하지만 긍

정적으로 생각해보면, 아이들을 데리고 있는 가족들은 식당이
든 공항에서든 특별대우를 받거나 더 배려 있는 서비스를 받
을 수 있다는 뜻이기도 하다.

노인 및 조상 공경

효를 강조한 유교의 영향으로 중국 사람들은 노인과 조상을
공경한다. 대부분의 외국인들도 '조상에게 드리는 제사'라는
말을 들어본 적이 있을 것이다. 하지만 중국의 제사는 단순히
조상에게 경의를 표하는 것을 말한다. 봄철 청명절이 돌아오
면 가족은 조상에게 바칠 제물을 가지고 묘소를 찾는다. 청명
절은 마오쩌둥 시대에는 엄격히 지켜지지 않았으나 오늘날에
는 그 전통적 중요성을 되찾았다. 노인 공경의 전통이 다 좋은
것은 아니다. 그 치명적 단점 중 하나로 권력을 손에 넣은 지
배자는 죽는 날까지 그 자리를 지키거나 약 85세의 나이에 마
지못해 은퇴한다는 것을 들 수 있다. 아주 먼 옛날이야기가 아
니라 아주 최근까지도 실재했던 일이다. 이는 나라의 경제에
별 도움이 되지 않을 뿐 아니라 참신한 아이디어를 가진 젊은

이들의 중용을 막는 결과를 가져왔다. 하지만 시장경제체제가 들어서면서 노인들도 은퇴를 앞당기고 있다. 중국은 퇴직 연령이 세계에서 가장 낮다(남성은 60세, 여성은 50~55세이다). 그러다 자신의 자녀가 한 두 명의 자녀를 낳게 되면 그들은 그때부터 어쩔 수 없이 풀타임 아동보육사라는 새로운 직업을 가지게 되기도 한다.

교육열

중국은 늘 배움을 가치 있게 생각하고 학자들을 공경했다. 1966년부터 1976년까지 지속되었던 마오쩌둥의 문화대혁명이 가져온 최악의 부작용 중 하나는 한 세대가 학교 교육의 기회를 통째로 잃었다는 것이다. 하지만 지금은 9년간의 무상 의무 교육 프로그램 때문에 초등학생 나이의 어린이 99퍼센트가 교육을 받고 있다.

세계에서 중국 부모만큼 교육에 집착하는 사람들도 거의 없다. 오늘날 빠르게 발전하는 지식 기반 경제 속에서 아이들의 경쟁력을 높일 수만 있다면 중국의 부모들은 아이들에게 무엇이든 할 것이다. 도시의 경우 여유가 있는 가족이라면 아이의 교육을 위해 매달 수천 위안, 때로는 수만 위안을 쓰기도 한다. 방과 후 활동, 1대 1 과외는 사치품이 아니라 필수품이 되었으며, 상대적으로 수입이 크지 않은 가족들도 아이의 교육을 위해서라면 상당한 양의 돈을 바치려 한다. 교사와 교수는 급여가 높지 않음에도 굉장한 존경을 받는다.

부모들은 종종 아이들이 직면한 학업적 압박을 한탄하기도 한다. 아이들이 성공한 기업가보다 더 바쁜 스케줄을 챙길 때도 있기 때문이다. 아이들은 하루 종일 수업을 듣고 또 어마어마한 양의 숙제를 받아온다. 학교에서는 가오카오(어렵기로 악명 높은 중국 대학 입학시험)로 마무리되는 각종 시험을 통과하는 데에 초점을 맞춘다. 하지만 학생들은 일단 대학에 들어가고 나면 한시름 놓게 된다. 대학에서의 학업량이나 속도가 훨씬 더 감당하기 쉬운 수준이기 때문이다.

국내 교육 시스템에 대한 불만족 때문에 많은 이들이 고등학생, 대학생 나이대의 자녀들을 해외로 유학 보낸다. 사회 전반적으로 생활수준이 높아짐에 따라 자녀를 유학시킬 만한 재정적인 위치에 오른 사람들도 많아졌다. 2017년 중국 교육부에 따르면 공부를 하기 위해 중국을 떠난 학생들이 최초로 60만 명을 돌파했다고 한다. 미국, 캐나다, 영국, 호주, 뉴질랜드가 유학 인기 국가들이다.

중국을 찾는 해외 유학생 수도 해마다 늘어, 2016년에는 그 수가 50만 명이 넘는다. 중국에 유학 오는 학생들은 주로 한국, 미국, 태국, 러시아, 일본 출신으로, 대부분 중국어를 배우기 위해 중국을 찾지만 의학, 공학, 재무, 경제를 공부하기 위해 오는 학생들도 적지 않다.

꽌시, 관계망, 중국 스타일

꽌시(관계)는 수세기 전부터 중국에서 무언가를 해결할 때마다 늘 이용되는 주된 방법이다. 결혼 상대, 아이의 학교나 일자리, 생산물을 갖다 팔 시장을 찾을 때, 각종 형식적인 절차를 해결할 때, 살 곳을 찾을 때나 해외여행을 갈 때 등 모든 곳에서 이용된다. 오늘날 해결해야 할 문제는 점점 더 복잡해지고 있지만, 꽌시를 이용하려는 의지는 끈질기게 이어지고 있다.

중국인이 스스로 해결할 수 없는 문제에 직면했을 때 가장 먼저 하는 생각은 아마 '내가 아는 사람이 누가 있지?'일 것이다. 원래 중국 꽌시의 기본이 되는 것은 가족관계였다. 바로 친척끼리 서로 도와야한다는 도덕적 책무 때문이었다. 하지만 당신이 만나고 관계를 발전시키는 그 누구라도 당신의 관계망에 들어올 수 있다. 굳이 말로 하지 않아도 이 복잡한 인간 관계망 속에서 사람들은 서로 은혜를 베풀고 또 갚는다.

외국인들은 사적인 영역과 공적인 영역이 구분되지 못하는 것에 불편함을 느끼며 이러한 실용주의에 눈살을 찌푸릴 수도 있겠지만, 중국인들에게 꽌시는 매우 필수적인 삶의 요소이다. 중국에 방문하는 외국인들은 반드시 이 꽌시 게임의 규칙을 알아야만 하며, 이는 실제로 상당히 단순하다. 호의를 받아들인다는 것은 필요할 때 이를 다시 갚아주리라는 기대를 수반한다. 반대로 당신이 누군가에게 호의를 베풀면 그들도 당신에게 그것을 돌려줄 것이다. 다른 말로 하면, 세상에 공짜는 없고, 저울의 균형을 유지하기 위해 계속 신경을 써야 한다는 뜻이다.

다만 값비싼 선물을 주거나 해외여행을 보내 주는 식으로 꽌시를 만들어내려 하다 보면 역효과다. 엄격한 반부패 캠페인을 주도해 온 중국 정부가 이를 뇌물의 한 형태로 여길 수 있기 때문이다. 또한 호의를 받는 상대가 보답을 할 수 없는 경우 상대의 체면이 손상되는 일이 벌어질 수도 있다.

종교관

중국은 공식적으로 국교가 없지만, 공산당의 규범을 위협하지 않는 선에서 조직적인 종교를 용인하고 있다. 대부분의 중국인은 전통에 대한 애정(종종 토속신앙이라 불림)과 함께 실용적이고 물질주의적인 무신론적 태도를 지니고 있다. 하지만 마르크스주의가 역사의 뒤안길로 사라지면서 도덕적 공백이 생기자, 조직화된 종교가 점차 인기를 끌고 있다. 자세한 내용은 3장을 참조하자.

국가관

중국은 유아기 때부터 교육을 통해 나라에 애국할 것과 공산당의 집권체계에 지나친 의문을 품지 않을 것, 그리고 혼란을 피하고 우주 속 자신의 위치를 파악해 '조화로운 사회'를 건설하기 위해 최선을 다할 것을 가르친다. 현재 중국 정부는 마오쩌둥 시대에 봉건적이라고 비판했던 공자의 사상을 끌어들여 사회질서 유지를 도모하고 있으며, 모든 차원의 언론을 통제하고 있다. 하지만 지속적인 사회화합에 더욱 중요하게 작용하는 요소로는 국민에게 충분한 식료품과 일자리, 주택, 보건을 제공하고 사람들이 원하는 상품으로 가득한 상점을 열어준 정부의 능력과 늘어난 개인의 자유를 꼽을 수 있다.

빠른 경제 성장을 이뤄낸 지난 세월 동안 그랬듯, 이런 요건들이 충족되는 한 중국인들은 현재 상황을 유지하는 데 별

불만이 없다. 하지만 중국 정부는 여전히 반체제 인사들의 목소리를 막고 있고, 사람들은 정부 비판을 삼가며 여전히 '혼란(사회 불안)'을 두려워한다. 그에 반해 '조화로운 사회' 건설의 공동 목표는 강력하다.

중화 : 세계 속 중국의 위치

중국인은 자신의 나라를 자랑스러워한다. 하지만 해외로 여행을 가고 공부를 하는 사람이 점점 더 늘어나게 되면서 중국의 문제에 대해서도 상당히 현실적이다. 하지만 아이러니하게도 CCTV에서 매일 저녁 방송되는 저녁 뉴스(라이브 방송은 너무 위험하다는 생각에 미리 녹화된 방송)에서는 여전히 중국이 얼마나 잘하고 있는지에 초점을 맞춘다. 정작 중국이 홍수, 화재, 전염병, 무능력한 정부 때문에 고통을 받고 있는 동안 해외(다른 말로 하면 중국 제국의 주변부) 사람들이 서로 싸우고 죽이는 장면을 방송하는 것이다. 방송의 포맷과 메시지가 약 40년은 뒤처진 것처럼 보이기 때문에, 뉴스를 새로운 정보통으로서 심각하게 받아들이는 사람은 거의 없다. 중국은 19세기 동안 경험한 일련의 굴욕적인 사건들 때문에 다소 열등감을 품고 있었지만 커져가는 경제적, 지정학적 영향력 덕분에 드디어 그 열등감을 떨쳐낼 수 있게 되었다.

물론 중국인들도 중국 내부의 문제에 대해 자기들끼리 불평을 하긴 하지만, 그래도 지난 40년 동안의 성취와 계속해서 이어지고 있는 어마어마한 성장 속도에 대해서만은 확실히 자신감을 품고 있다. 1980년대 이후 태어난 사람들은 점점 더 쉴 틈 없이 빠르게 진화하는 것들에 익숙해져 있다. 그들의 시선에서 봤을 때 중국은 제자리를 향해, 즉 세계의 중심에 있는 왕국이 되기 위해 나아가고 있는 반면, 서구의 젊은이들은 너무 느긋해 보이기도 한다.

여성관

공산당이 느리지만 상당한 성공을 거둔 분야가 있다면 중국 여성에게 남성과 동등한 지위를 부여하려 노력한 것이다. 하지만 딸보다는 아들을 선호하는 남아선호사상이 일부 남아 있어, 선택적인 여아 영아살해가 일어나기도 한다. 지속적인 정부의 규탄을 받고 있는 봉건적 악습이지만 생각보다 근절하기가 쉽지 않다. 여아는 초음파가 없었던 시절에는 태어나자마자 살해당했지만 요즘은 출생 전에 과학적으로 살인이 이뤄진다.

어떤 방법이든 이런 악습은 남녀 성비의 불균형을 초래했고, 앞으로 수백만 중국 성인 남성은 결혼할 배우자를 찾지 못할 것으로 예측된다. 의사나 초음파 기술자가 아직 태어나지 않은 아기의 성별을 밝혀내는 것은 여전히 법으로 금지되어 있지만, 실제로는 많은 사람들이 결국엔 알아낸다.

"우리는 국가의 산업화에 참여하게 된 것을 자랑스럽게 생각합니다." 1954년.

실질적인 진척도 있었다. 2018년 세계 경제 포럼이 발표한 세계 성 격차 보고서에 따르면, 중국은 전문직과 기술직에 종사하는 여성 비율이 세계에서 가장 높으며, 대학교에는 남학생만큼 여학생도 많다. 하지만 교육을 많이 받는다고 해서 임

• 사라진 악습, 전족 •

전족은 여성의 발이 크고 못생겨지지 않도록 발을 꽁꽁 동여매는 야만적인 풍습이었다. 1912년 전족을 금지하려는 시도가 한 차례 있었지만 이렇다 할 공을 거두지는 못했고, 시간이 흘러 공산당이 정권을 잡은 1949년에도 이 악습은 여전히 도처에서 시행되고 있었다. 1980년대까지는 전족 때문에 뒤뚱거리며 걷는 나이든 여성을 쉽게 볼 수 있었지만, 그 세대가 모두 세상을 떠난 지금은 더 이상 그 광경을 볼 수 없게 되었다. 그러나 현대 중국 여성에게도 발은 여전히 가려야 할 대상으로 여겨진다. 한 여름에도 중국 여성들은 맨발이 흉하다고 생각해, 서양 여성이라면 당연히 맨발을 택할 더운 여름에도 얇은 양말이나 스타킹을 신어 발을 가린다.

금이 높아지는 것은 아니었다. 같은 종류의 일을 해도 여성의 임금은 남성의 4분의 3 정도이다. 직장, 심지어 학교에서의 성희롱도 존재한다. 이 중 일부는 #미투 운동의 능동적인 참여를 통해 바깥으로 드러나기도 했지만 대다수의 사안은 앞으로도 신고조차 되지 않을 것이다. 중국에서의 미혼모는 특히나 낙인 찍힌 집단이다. 공식적인 가족계획법과 사회적 금기 사항을 모두 어겼다고 생각하기 때문이다. 이렇게 사회 전반적으로 답답한 분위기 속에서 여성들을 위한 진보는 더딜 수밖에 없었다. 하지만 중국으로 여행을 오거나 일을 하러 오는 외국인 여성들은 걱정할 것이 없다. 모두들 정중한 대우를 받을 것이며, 전반적으로 중국은 여성에게 매우 안전한 곳이기 때문이다.

성 관념

피임과 성 보건소가 널리 보급되고, 남녀평등과 동성애가 일반적으로 받아들여지면서 성에 대한 태도도 상당히 자유롭고 여유가 생겼다. 하지만 대부분의 젊은 세대는 평생의 배우자로 점찍은 한 명과 교제하는 것을 여전히 선호한다. 중국은 포르노물을 금지하고 있지만 섹스 용품 상점은 그렇지 않다. 사는 집 근처, 그러니까 과일 노점상이나 세탁소 바로 옆에서 손쉽게 '성인 건강 상점'을 찾을 수 있다. 엄밀히 말하면 매춘은 불법이지만, 사실상 버젓이 횡행하고 있으며 삶의 일부로, 때로는 사업의 일부로 받아들여지고 있다. 줄지어 있는 안마 시술소, 가라오케 바, 미용실 등의 내부가 실제로는 내건 간판과 다를 수도 있으며 외국인 남성들에게 직접 호객 행위를 하는 경우도 있다. 하지만 가장 조심해야 하는 곳은 클럽이나 바의 내부다. 실제로는 여성들이 먼저 다가오는 경우가 많지 않기 때문에 만약 적극적으로 다가오는 상대가 있다면 매춘부일 가능성이 높다.

공무원을 포함해 성공한 중국 남성은 자신의 지위를 향상시키고 그 지위를 증명하기 위해 성관계를 이용하기도 한다. 이미 유부남인데도 불구하고 둘, 셋, 또는 그 이상 형편이 닿는 대로 정부를 두는 것이 흔한 일이다. 이런 현상은 아마도 돈과 권력이 있는 남성이라면 첩을 두는 것이 당연하다는 역사적 관습에 기인한 듯 하며, 이는 공산당이 권력을 잡았을 때 분명히 금지를 당한 관행이다. 수많은 공무원들이 반부패 캠페인 때문에 어쩔 수 없이 정부를 내쫓은 것처럼, 이 관습은 일부 사회 분야에서 그 열기가 식어가고 있는 것으로 보인다. 하지만 아직도 간통에 기반을 둔 산업이 존재한다. 예를 들면 정부를 교육시키는 트레이너, 또는 수단과 방법을 가리지 않고 무절제한 남편을 방해하도록 고용된 사람 등이 그것이다.

화교를 바라보는 중국의 태도

인구의 압박과 국내 갈등, 경제 침체 등의 이유로 지난 수백 년 동안 많은 사람들이 꾸준히 중국 땅을 떠났다. 최초의 이민자는 동남아시아로 이주한 상인과 기능공들이었다. 그들은 새로운 땅에서도 자기 사업을 일궈 큰 성공을 거두었다. 19세기에는 중국 남부의 노동자 또는 '쿨리, 즉 막노동꾼(육체적으로 힘든 일을 뜻하는 중국어 '쿠리'가 영어 쿨리로 음역됨)'이 영국과 프랑스, 독일 식민지 및 미국 일자리에 대량 동원되며 고국을 떠났다.

1930년대에 해외에 거주하는 중국 인구는 이미 1천만 명에 가까웠다. 이들 중 다수는 해외에서 번 돈을 중국에 남아 있는 가족에게 보내주거나, 중국 내 공장에 투자하거나 대학에 기부했다. 사람들은 주로 경제적인 이유 때문에, 또는 흔치는 않지만 정치적인 이유 때문에 이민 갈 결심을 했었다. 하지만 최근 이민을 떠나는 사람들 대부분은 주로 이미 상당한 양의 부를 축적했으나 더 나은 삶과 교육의 기회를 이유로 떠나는 사람들이다.

동시에 중국 이민자 1~3세대 중 많은 수가 중국의 경제적 잠재력에 자극을 받아 다시 중국으로 돌아오고 있다. 과거 그들을 향한 중국 본토인들의 태도는 억울함과 어쩔 수 없는 부러움이 뒤섞여 있었지만, 지금은 딱히 그렇지도 않다. 그도 그럴 것이 다시 중국으로 돌아온 사람들은 일반적으로 해외 거주 경험이 있는 사람이나 다른 국외 거주자들과 사귀는 걸 선호하며 직장 밖에서 본토인들과 어울리는 일이 거의 없기 때문이다.

외국인을 향한 태도

문화적 다양성이 점점 커져가는 서구 사회와 달리 중국 사회는 매우 동질적이다. 비록 경제적으로는 불평등하지만, 대부분의 사람들이 비슷한 인종적 배경을 공유하고 있다. 최초로 국외 거주자까지 조사대상에 포함되었던 2010년 중국 인구조사에 따르면, 적어도 60만 명의 외국인이 중국에 거주하고 있다고 한다. 대략적으로 계산해도 10년 후에는 약 100만 명의 외국인이 있을 것으로 추산된다. 하지만 이 숫자는 여전히 전체 인구의 0.07%에 불과할 것이다. 중국인들은 외국인을 지칭할 때 구어체 용어인 라오와이(문자 그대로 번역하면 '촌뜨기'가 가장 비슷한 뜻이다)를 사용한다. 일부 외국인들은 그 말에 눈살을 찌푸리기도 하지만, 사실 중국인들 스스로는 결코 그것을 경멸적인 용어로 여기지 않으며 외국인들만큼 놀라지도 않는다.

중국의 대도시에서는 외국인들이 꽤나 흔해져서 10년 전만큼 사람들의 관심을 끌지는 않는다. 중국인들 스스로 자신감이 커지면서 외국인에 대한 불필요한 선망이나 과한 공경심 대신 평등주의적인 시선이 자리 잡고 있다. 중국인들은 남들과 잘 어울리지 않거나 친해지려면 시간이 좀 걸리는 듯 하지만, 일반적으로 인종과 상관없이 외국에서 온 사람들과 만나는 것을 즐기고 그들에게 도움이 되는 것을 무척 기뻐한다. 종종 언어 장벽이 방해가 될 수는 있다. 중국인들은 '체면'을 중요하게 생각하기에 외국어로 실수하는 것을 과하게 걱정하는 탓이다. 외진 지역에서는 처음의 경계심이 곧 기쁜 흥분으로 바뀐다. 이는 개인 여행객, 특히 어린 아이를 데리고 여행하는 사람에게는 오히려 불리하게 작용할 수도 있다. 기묘한 구경거리나 동네의 유명인사가 되는 기분이 들 수도 있기 때문이다. 관광지, 심지어 베이징이나 상하이 같은 대도시에서도 사진을 찍자고 다가오는 사람이 있을 수 있다. 그런 사람들은 보통 외국인들이 익숙하지 않은 소도시에서 온 사람들이다.

1970년대부터 많은 아프리카 학생들이 중국 대학에 유학을 왔는데, 중국 사람들이 흑인의 피부색을 보고 보였던 반응에 대한 재미있는 일화가 있다. 한 번은 흑인 학생이 길을 걷고 있는데 시골 출신의 농민공이 그에게로 다가와, 팔을 문질러 보더니 정말 이해를 할 수 없다는 듯 이렇게 말했다고 한다. "집에 가서 몸에 묻은 석탄을 좀 씻어야 하지 않겠어요?" TV와 인터넷이 발달해 바깥세상에 대해 많은 것을 알게 된 요즘, 중국인들은 유색인종도 다른 외국인과 마찬가지로 따뜻하고 호기심 어린 눈으로 바라본다.

미신

미신은 중국에서 오랜 시련을 견뎌왔다. 물질적인 삶은 미래를 향해 질주하고 있긴 하지만 수많은 전통적인 믿음은 여전히 그대로 남아있기에 아직도 누구나 알아두어야 할 요소이다. 한 예로 미신을 모르면 당신이 방문한 건물에 왜 4층이 없는지 이해가 되지 않을 것이다. 중국에서 숫자는 그것이 어떻게 발음되는지, 다른 단어와 발음이 얼마나 비슷한지에 따라 행

운의 수가 될 수도, 불행의 수
가 될 수도 있다. 예를 들
어 숫자 4는 '죽음(시)'과
발음이 비슷하며, 그래서
종종 건물에 따라 4층이
존재하지 않는다. 14층이나
24층도 같은 맥락으로 잘 없다.
때때로 서양 미신도 적용되어 13층까
지 생략되기도 한다. 심지어 13에는 중국어로 다른 부정적인
의미도 숨어있지 않은데 말이다. 행운의 숫자에는 6과 9가 있
다. 중국어로 '부유해지다(파)'와 발음이 비슷하다는 이유로 8
은 특별히 운이 좋은 숫자로 여겨진다. 2008년 베이징 올림픽
이 8월 8일에 개막한 것에도 그럴만한 이유가 있었다.

　중국의 띠도 여전히 중요한 역할을 한다. 운이 좋은 해(용띠,
돼지띠, 원숭이띠 해)에는 복을 손에 넣고 싶어 하는 커플들 때문
에 베이비붐이 일어나기도 한다.

03

풍습과 전통

춘절에는 뿔뿔이 흩어져 살던 가족들이 한데 모이기 때문에, 전국의 기차는 일자리를 찾아 떠나온 고향으로 돌아가려는 농민공과 학생들로 빈자리를 찾기 힘들다. 춘절이 돌아오면 사람들은 새 옷을 차려입고, 악귀를 쫓아내기 위해서 밤낮으로 폭죽을 터트린다.

다양한 종교가 공존하는 무교 국가

국교가 없는 나라치고 중국에는 다양한 종교가 큰 문제없이 공존하고 있어, 세계의 유명한 종교란 종교는 다 찾아볼 수 있다. 특히 유교, 도교, 불교는 중국 전통문화의 형성에 지대한 영향을 미쳤는데, 세 종교의 요소들이 모여 토속신앙을 이루었다. 서구인에게 중국의 정수처럼 보이는 이런 전통적 신앙 외에도 집권 공산당의 용인과 계속되는 감시 아래 이슬람교와 기독교도 용인되고 있다.

정부는 종종 파룬궁과 같은 사교단체를 정권에 대한 위협으로 여기고 엄중히 단속하는데, 사실 서구인의 눈에 이런 단체들은 삶의 의미를 찾아 헤매는, 별나지만 그리 해로울 것 없는 사람들일 뿐이다. 또한 중국 정부는 교회가 너무 많아졌다고 느껴지자, 교회의 십자가를 내리게 하고 공식적으로 인가받은 교회당이 아닌 자택에서 예배를 본 사람들을 구속하기도 했다. 말하자면 현재 중국 정부는 자신의 감시 레이더망 안에서 종교단체가 정권 전복의 음모를 꾸미지 않고 있다는 사실을 확인하는 경우에 한해서만 종교를 용인하고 있다.

【불교】

중국 인구의 5분의 1은 불교 신자라고 한다. 과거에는 불교가 주요 종교였던 티벳 지역 외에서는 큰 관심을 받지 못 했다. 하지만 최근에는 전통 문화의 다른 측면과 마찬가지로 불교가 다시 각광을 받게 되었다. 특히 교육 받은 도시 계층 사이에서 더욱 그러하다. 화려하게 채색된 절에 가면, 향을 켜고 끊임없이 머리를 조아리고 절하는 사람들과 불경하게 웃음을 터트리고 셀피를 찍는 사람들로 붐비는 독특한 광경을 볼 수 있다.

【이슬람교】

이슬람교는 중국 서북부 신장 지역의 대표적인 종교다. 무슬림 인구는 중국의 전체 인구 중 단 1~2%에 불과하다고 알려져 있지만, 엄청난 인구다 보니 1~2%도 2천만~3천만 명에 육박한다. 최근 몇 년 간 정부는 무슬림 인구에 대한 통제를 강화하고 있다. 특히 종교적 극단주의의 위협을 언급하면서 신장 위구르 소수민족을 탄압하고 있다.

【기독교】

기독교는 중국에서 가장 빠르게 커나가는 종교이다. 대부분이 개신교도인 기독교 인구는 1억 명 정도이며(매년 7~10퍼센트씩) 계속 증가하는 추세라, 이대로라면 2030년에는 중국이 세계에서 가장 큰 기독교 공동체의 본거지가 될 것이다. 이는 놀랍게도 사

윈난성의 로마 가톨릭교회

실이다.

한때 상대적인 관용을 가지고 기독교를 대했던 국가가 오늘날은 교회와 그 공동체를 규제하고, 때로는 탄압하고 제한하는 데 훨씬 더 적극적이라는 것은 별로 놀랄 일이 아니다. 국가가 허가한 교회를 정부가 통제하는 일도 허다하다. 예를 들어 중국의 가톨릭 주교는 원래 관례대로 바티칸에서 임명하지 않고, 나라에서 운영하는 종교기관에서 선출한다. 일명 '신앙집회'라고 불리는 개인적인 기독교 모임은 전국적으로 흔한 것임에도 늘 어느 정도 탄압의 대상이 되어왔다. 하지만 오늘날은 공식적으로 인정받은 교회마저도 의혹과 규제를 직면하고 있다. 그럼에도 불구하고 중국 안에서 기독교는 계속해서 성장하고 있다. 많은 사람들이 서로 반대되는 사회경제적 체계와 이념적 체계 때문에 생겨난 도덕적, 정신적 공허함을 기독교를 통해 채울 수 있었다.

【 유대교 】

유대인들은 7세기 당나라 시대에 처음 중국에 발을 들였다. 한동안 이스라엘의 사라진 10지파 중 하나라고 여겨지기도 했던 유대인 공동체는 허난 지역의 카이펑에 정착했고, 유대 상인과

난민들은 20세기 상반기에 홍콩, 상하이, 하얼빈에 정착했다. 초기에 정착한 유대인들은 중국의 주류 인구에 흡수되어, 이제는 자신들이 유대 혈통인 줄도 모르고 살아가고 있다. 오늘날, 중국의 유대인은 겨우 2천~3천 명밖에 되지 않지만 유대교와 유대인에 관련된 모든 것에 대한 관심이 증가하고 있다.

축제 및 휴일

중국은 서구가 사용하는 그레고리력, 즉 양력과 태양과 달의 위치를 정확히 계산해 만든 중국 고유의 태음태양력, 즉 음력을 함께 쓰고 있다. 중국과 해외 거주 중인 화교들은 음력을 기준으로 명절을 쇠고, 결혼, 장례, 이사, 개업일 등을 위한 길한 날을 고른다. 양력과는 달리 음력에서는 같은 달이라도 해마다 그 길이가 달라지며, 달이 빛을 비추지 않는 삭부터 다음번 삭이 들 때까지를 한 달로 친다.

　정말로 인적이 드문 곳에 갈 계획이 아니라면, 국경일 동안 중국이나 다른 아시아 지역을 방문하는 것은 추천하지 않는다. 관광지는 휴가 온 사람들도 엄청나게 붐빌 것이며, 태국, 일

국경일	
신년 휴일	1월 1일
춘절	보통 1월 말~2월 초 새로운 달이 시작하는 시기 ※ 공식적으로는 1주일 쉬지만 이주노동자들은 2주에서 한 달 정도 쉬는 경우가 있다.
청명절	음력 3월
노동절	5월 1일
단오절	음력 5월 5일
중추절	음력 8월 15일
국경절	10월 1일 ※ 3일 휴무이지만 보통은 1주를 쉰다.

본 같은 유명한 관광지의 물가 역시 치솟을 것이다.

중국 본토에서 크리스마스는 휴일이 아니지만, 홍콩과 마카오에서는 휴일로 지정되어 지켜지고 있다. 하지만 본토의 대도시 시민들은 쇼핑하는 날로 크리스마스를 즐기며 산타클로스와 크리스마스에 열광한다. 이슬람교와 불교의 영향력이 센 서부와 교외에서는 크리스마스를 들어본 적도 없는 사람들이 대부분이다.

서구에서도 그렇듯 중국에서도 밸런타인데이와 부활절, 할로윈, 크리스마스는 돈을 벌 수 있는 상업적 기회로 여겨지며,

춘절을 비롯한 전통 명절도 쇼핑과 가족 모임, 고풍스러운 옛 전통을 결합하고 있다.

【 춘절 】

춘절은 중국 최대의 명절이며, 다른 아시아 국가들도 유사한 명절을 보내고 있다. 보통 농한기인 2월 초에 지낸다. 춘절에는 뿔뿔이 흩어져 살던 가족들이 한데 모이기 때문에, 전국의 기차는 일자리를 찾아 떠나온 고향으로 돌아가려는 농민공과 학생들로 빈자리를 찾기 힘들다.

중국의 새해 여행이 이제 세계에서 가장 규모가 큰 계절 이동 이벤트가 되었다. 2019년에만 거의 30억 명의 사람들이 이 기간에 여행을 떠났다! 가족들은 새해 전날 니엔예판이라는 호화로운 식사를 하며 그믐날을 축하한다. 1983년 이후로는 CCTV에서 방영하는 세계에서 가장 인기 있는 TV 프로그램 춘절만회 즉, 춘완을 보는 것이 전통이 되었다(쇼가 해가 갈수록 재미없어 진다는 불평 또한 전통의 일부가 되었다). 어린이와 미혼인 사람들은 돈이 든 빨간 봉투를 받는다. 요즘은 온갖 첨단 기술이 동원된 슈퍼 앱, 위챗에서 상징적인 액수의 돈과 가상 빨간 봉투를 서로에게 보낸다. 추이라고 하는 새해 첫날에는 가족

경극 공연은 새해 축하 행사 중 하나다.

들이 모두 모여 복을 기원하며 금괴와 모양이 비슷한 만두, 쟈오쯔를 만들어 먹는다. 사람들은 새 옷을 입고 친척들을 방문한다. 나이가 어린 사람들은 노인들에게 (더 전통을 지키는 집에서는 조상들까지 포함하여) 가슴 앞에 주먹 쥔 손을 다른 손으로 감싸 쥐고 인사하며 존경을 표한다. 집, 그중에서도 정문은 행운과 행복을 상징하는 붉은 색으로 장식된다. 전통적으로 사람들은 줄줄이 길게 이어진 폭죽을 밤낮으로 시끄럽게 터트리는데, 아마도 악귀를 쫓아내기 위한 것인 듯하다. 하지만 최근에는 공기 오염 억제의 일환으로 폭죽 터트리기가 금지되고 있다. 새해 축하는 2주 후인 원소절까지 이어지고, 이 이후로 생활은 일상으로 돌아온다.

【 청명절 】

청명절은 음력 3월 3일(대개 4월 초)이며 가족들끼리 조상의 묘에 방문하는 날이다. 방문 중에 이들은 묘비를 닦고, 금·은 종이와 생선, 육류 요리, 과일, 술 등 상징적인 공물을 올린다. 고향을 떠나 고인이 된 가족들의 묘에 방문하지 못하는 노동자들은 자신이 지내는 곳에서 가짜 돈을 태우는 것으로 묘지 방문을 대신하기도 한다.

【 단오절 】

음력 5월 5일은 단오절이다. 단오절은 기원전 3세기 중국 남부에 위치했던 초나라의 충신, 굴원의 죽음을 기리는 날이기도 하다. 굴원은 초나라 왕이 자신의 충언을 듣지 않자 낙심하여 강물에 몸을 던져 자결했다고 전해진다. 단오절이 되면 사람들은 강물에 빠진 굴원을 구한다는 의미를 담은 용선 경주를 즐겨, 가늘고 긴 용선들이 북소리에 맞춰 질주하는 장관을 볼 수 있다. 또 단오절에는 대나무 잎으로 싼 찰밥 종쯔를 먹는데, 과거에는 물고기들(혹은 용)이 불쌍한 굴원의 시신을 먹지 않도록 물에 이 종쯔를 던져주었다고 한다.

【 중추절 】

중추절은 음력 8월 15일(대략 9월 중순)이며 이때는 일 년 중 달이 가장 밝은 때로 알려져 있다. 서양의 추수 감사절에 해당하며, 달의 여신인 창이의 전설을 기념할 뿐만 아니라 수확과 가족의 재회를 축하한다. 다 같이 모인 가족들은 둥근 탁자 주위에 둘러 모여 보름달을 보면서 '월병'을 먹는다. 월병은 보통 연밥이나 단팥 소로 채워진 동그랗고 맛이 진한 케이크이다.

• 외로운 마음을 쇼핑으로 흥청망청 •

11월 11일인 싱글 데이, 즉 광군제는 1993년 난징 대학교에 다니던 남학생들이 발렌타인데이에 맞서 만든 것이었다. 1이 네 번 반복되는 11/11이라는 날짜가 외로운 싱글들을 상징한다고 생각했던 것이다. 2009년 중국의 전자상거래 시장의 거물 알리바바는 이 날을 기점으로 '쇼핑 페스티벌'을 시작했고, 이는 곧 세계에서 가장 큰 소매 행사가 되었다. 2019년 광군제의 매출은 380억 달러에 달해 미국 블랙 프라이데이 매출보다 다섯 배나 많았다!

인생의 중대사

【탄생】

자녀, 특히 아들의 탄생은 굉장한 기쁨을 주는 사건이다. 아기가 태어난 후 처음 30일 간 산모는 전통적으로 산후 조리기간(산욕기)를 가진다. 산모는 침대 밖으로 나오지도, 머리를 감지도, 이를 닦지도, 목욕을 하지도 않은 채로, 영양가 많은 산후 조리 식이를 엄격하게 따른다. 이 기간 동안은 산모와 아기 모두 집밖으로 나가지 않으며, 방문객도 환영받지 못한다. 약 천 년 전까지 거슬러 올라가는 이 전통은 산모의 회복을 위해 꼭 필요하기에 아직도 따르는 사람이 많다. 다만 목욕이나 개인적인 관리 기준은 현재의 위생 관념에 맞춰 조정되고 있다. 부유한 도시 지역 산모는 호화로운 산후조리 센터에서 거창한 '산욕기'를 보내기 위해 6천 달러에서 2만 달러까지 쓰기도 한다.

산후 조리기간이 끝나면 축하 기간이 온다. 아기를 가족들과 친구들에게 공식적으로 소개를 하는 축제가 탄생 한 달 후 열리는 것이다. 이 외에도 태어난 지 100일이 되는 날과 1살 생일도 전통적인 행사의 날이다. 쭈아조우라고 불리는 한 살 생일에는 서로 다른 직업을 상징하는 물건들을 아기 주변에 배치한다. 그리고 아기가 가장 먼저 잡는 물건으로 아기의 미래 직업을 점친다. 그 이후 생일은 다소 조용히 지나가다가 60, 70, 80세 등 중요한 때에는 다시 성대한 연회가 열리는 게 보통이다. 하지만 오늘날 젊은이들은 서양 젊은이들과 마찬가지로 과하게 자신들의 생일을 축하한다.

【 결혼 】

중국의 결혼식은 늘 크고, 화려하며, 값비싼 행사이다. 전통적인 결혼식 상징 색깔은 빨강이나, 요즘 신부들은 서양처럼 흰 드레스를 입고 식을 치룬 뒤 연회용으로는 빨간 드레스로 갈아입는 것이 보통이다. 오늘날 신랑 신부는 서로의 파트너를 직접 선택한다. 과거에는 가족들이 대신 선택을 했기에 신랑 신부가 결혼식 당일까지 서로의 얼굴을 모르는 경우도 있었다. 결혼식 전에는 중매인이 투입되어 신랑, 신부 측의 기본적인 결혼 비용 세부 사항을 계산하며, 이 중에는 신랑 측 가족들이 필수적으로 제공하는 '핀리', 소위 '신부값'도 포함되어 있다. 핀리는 대도시에서도 여전히 일반적이며 10만 위안(대략 1만 5천 달러) 가량이 소요된다. 요즘 부부들은 보통 혼인 신고를 먼저 하고, 거의 1년 이상이 지난 다음 결혼식을 연다. 식장은 결혼식 몇 달 전에 찍은 사진들로 장식하는데, 부유한 커플들은 해외로 나가 사진을 찍는 경우도 많다.

결혼식은 수백 명의 손님들이 모이는 성대한 행사이다. 오늘날 결혼식에 참석하는 사람들 사이에서 흔히 나오는 불만은 참석 비용이 점점 더 많이 든다는 것, 물질적인 측면이 너무 강조되는 경향이 있다는 것이다. 결혼식이 열리는 장소나 커플

과의 관계에 따라서 참석하는 사람도 100달러에서 1,000달러 정도를 쓰게 되어 있다.

【장례】

전통적으로 장례식장에서는 죽음과 비탄을 상징하는 흰 옷을 입었다. 하지만 요즘은 어두운 색도 많이 입는다. 고인과 가까운 친척들은 옷소매에 짙은 색 천 조각을 핀으로 달기도 한다. 고인의 나이가 70세 이상이라면 심각하게 슬퍼할 이유가 없다고 생각하는 편이나, 장례식장에서는 의례적으로 애도를 표하며 때로는 장례 기간 내내 대신 울어주는 전문 곡상부도 있다. 장례용품 상점에서는 종이로 만든 돈, 가구, 자동차, 집, 옷 등 고인이 사후에 필요할지도 모르는 모든 물건을 팔고 있으며, 이는 고인과 함께 묻히거나 태워진다.

종교가 없는 사람이라도 장례식장에는 불교나 도교 승려를 모셔와 죽은 자의 혼을 달래는 의식이나 기도를 하는 경우가 있다. 전통적으로 중국인들은 시체가 온전한 채로 다음 세계에 가야지, 그렇지 않으면 영혼이 결코 편히 쉴 수 없다고 믿었기에 화장은 인기가 없었다(같은 맥락으로 장기 기증은 더욱 그러했다).

하지만 오늘날 많은 도시에서는 화장이 의무가 되고 있다. 매년 약 1천 만 명이 사망하는데 그들을 매장할 공간이 충분치 않기 때문이다. 예를 들어 상하이의 묘소 가격은 약 1만 달러에서부터 시작한다. 늘 실용성을 추구하는 중국 정부는 몇 년 전, 매장지에 대한 수요를 완화하기 위하여 사후 세계로 가는 새로운 길을 열기도 했다. 바로 국가가 해장海葬을 지원하기 시작한 것이다. 해장이 가장 대규모로 이루어지는 날은 조상의 묘를 방문하고 벌초하는 청명절이며, 이는 점점 더 유행을 하고 있다.

중국 전통의약

중국에서는 현대적인 외관의 약국에 들어가도 내부가 '양약'과 중국 전통의약인 '한약'을 파는 두 구역으로 나뉘어 있는 걸 볼 수 있다. 중국인 대다수는 감기, 콧물, 복부 불편함 같은 흔한 질병을 치료할 때 여전히 한약을 가장 먼저 선택한다. 그러므로 독감에 걸려 타이레놀 같은 약을 구할 때는 '양약'을 달라고 강조해서 말해야만 한다. 그렇지 않으면 바로 마실 수 있게 준비된 마시는 한약 병을 받게 될 것이다. 전통 의약에는 물약만 있는 것이 아니다. 전반적인 건강관리와 침술과 뜸(약재를 피부 가까이에서 태우는 것), 투이(치료적 마사지)나, 부항, 식이, 타이치와 기공 등을 아우르는 웰빙의 실천까지 모두 포함된다.

중국 전통의약은 2300년 넘게 발전해온 복잡한 시스템이며 인체가 우주의 축소 모형이라는 이해에서 비롯된 것이다. 이런 관점에서 질병이란 경락을 따라 흐르는 기(생명력)의 불균형이 반영된 것이라 할 수 있다. 또한 도교에 크게 영향을 받은 탓에 음양오행 같은 개념을 포함하기도 한다. 중국 전통의학에서 가장 우선적으로 강조하는 것은 예방이며, 때로는 서양인들을 당황케 하는 지혜를 선보이기도 한다. 감귤류가 어떻게 과한 '체내열'을 유발하는가, 그리고 그것이 여드름과 무슨 관계인가 하는 질문은 서양인에게는 당황스럽기 그지없지만 중국인에게는 단순하고 흔한 지식일 뿐이다.

중국의 한의원은 전국적으로 널리 퍼져있다. 현대적인 대규모 복합 건물 단지 내에 존재하는 한의원은 집근처에서 흔히 볼 수 있는 어두침침한 한약방과는 상당한 차이가 있다.

04

친구 사귀기

중국 사람들은 외국인과 영어 연습을 하고 싶어 하고, 외국인을 통해 외국 여행을 하는 것과 외국에서 일하는 것이 어떤 것인지 알고 싶어 한다. 그리고 무엇보다도 중국이 아닌 다른 나라에서 온 사람과 이야기하는 짜릿한 환희를 느끼고 싶어 한다.

중국인의 특성

외국인으로서 중국인과 친구가 되는 것은 당신이 생각하는 것보다는 상대적으로 쉬운 일이고, 그 우정은 평생 이어지기도 한다. 중국에 사는 외국인 수는 85만 명이 넘을 것으로 예상되며 이는 전체 인구에 비해 아주 적은 비율이다. 이는 여행객은 포함하지 않은 숫자로, 중국 정부의 추산에 따르면 2018년 중국에 온 여행객은 3,050만 명이 넘었다. 결론적으로 외국인으로서 당신은 상당한 희소가치를 지니고 있으며, 약간의 노력만 한다면 현지 중국인과 쉽게 친구가 될 수 있다. 일을 하다가, 배낭여행 중에, 술집에서, 콘서트에서, 클럽에서, 데이트 주선 사이트에서 등등 다양한 경로를 통해 당신은 외국인 친구를 원하는 사람들이 얼마나 많은지 금세 알 수 있을 것이고, 어쩌면 수없이 쇄도하는 상대의 접근을 조금은 가려 받아야 할 수도 있을 것이다. 중국 사람들은 외국인과 영어 연습을 하고 싶어 하고, 외국인을 통해 외국 여행을 하는 것과 외국에서 일하는 것이 어떤 것인지 알고 싶어 한다. 그리고 무엇보다도 중국이 아닌 다른 나라에서 온 사람과 이야기하는 짜릿한 환희를 느끼고 싶어 한다.

이렇게 중국인은 당신에게 호의적이겠지만 외국인으로서 당신이 기억하고 주의해야 할 사항이 하나 있다. 지난 수백 년 동안 변덕이 심한 정부 아래서 중국인들은 그 어떤 외부 세력보다 서로에게 의존해왔기 때문에 우정은 매우 소중한 것으로 여겨진다. 그러므로 새로 사귄 친구를 쉽게 실망시켜서는 안 될 것이다. 중국인은 친구 관계에 있어서 진실되며 변함이 없다. 서로 자주 보지 않아도 몇 년 동안 변함없이 관계를 유지할 것이다. 친한 친구는 가족과 같은 사이이다. 필요할 때면 늘 곁에 있어주는 중국 친구에게 의지할 수 있고, 마찬가지로 상대도 당신에게 같은 걸 기대할 것이다. 성이 다른 친구와 플라토닉한 관계를 유지하고 싶다면 신중을 기할 필요가 있다. 때로는 상대가 당신의 호의를 로맨틱한 관심으로 오해할 수 있기 때문이다.

중국을 찾는 대부분 여행자들은 도시의 중산층 중국인과 사회적으로 어울리는 경향이 있다. 평범한 서양인이라면 고국의 시골 거주자보다 중국의 도시 거주자들과 더 많은 공통점을 가지고 있기 때문이다. 서양 여행자라면 여행길에서 많은 중국인을 만나게 되지만 대화는 제한적이다. 먼저 더 넓은 세상에 대해 알고 있는 지식의 간극이 크고, 둘째로 언어의 장벽이 있기 때문이다. 간단한 대화를 할 수 있을 정도로 중국어를 배운다고 해도, 대도시를 벗어나면 사투리가 심해 의사소통이 어려울 수 있다.

만남과 인사

처음 만났을 때는 그 상대가 남자든 여자든, 아주 어린아이를 만날 때를 제외하고는 보통 악수로 인사한다. 서양에서 악수할 때보다 훨씬 긴 시간 동안 손을 맞잡고 악수하는 경우도 종종 있다. 여러 사람에게 소개받는 자리에서는 모든 사람과 빠짐없이 악수하도록 주의해야 한다.

처음 소개를 받는 자리에서는 앉으라고 요청받거나 다른 사람들이 앉기 시작할 때까지 똑바른 자세로 서있어야 한다. 어떻게 해야 할지 헷갈릴 때는 과하다 싶을 정도로 격식을 차리거나 상대 중국인의 행동을 보고 힌트를 얻으면 된다.

누군가를 처음 만나는 자리에서는 서양인들 입장에서는 '결혼은 했나요?', '만나는 사람이 있나요?', '자녀는 있나요?', 심지어 '돈은 얼마나 버나요?' 등 다소 개인적이라고 여겨질 수 있는 질문들을 받게 될 수 있다. 직접적으로 대답을 하고 싶지 않다면 적당한 유머로 질문을 피할 수 있다.

집으로의 초대

도시에서는 친구와 손님을 집 밖에서 만나는 게 훨씬 흔한 일이다. 온갖 종류의 식당이 어디에나 널려 있고 가격도 적당하기 때문에, 오히려 집에 손님을 모시는 일은 불필요하고 번거로운 상황으로 여겨진다. 그러므로 집에서 직접 요리한 음식을 대접받게 되었다면, 당신은 이 상황을 매우 영광스럽게 생각해야 한다. 최고로 친한 친구만이 누릴 수 있는 특권이기 때문이다.

집에 초대받는 시간은 주로 주말 점심, 드물게는 주말 저녁이 이용된다. 도착하자마자 손님용으로 특별히 준비된 슬리퍼를 제공받는다. 도시에서는 중국인이 집안에서 신발을 신는 모습을 결코 볼 수 없을 것이다. 하지만 중국인들은 손님이 맨발로 있는 건 꺼리기 때문에 손님에게 슬리퍼를 제공하는 것은 빼놓을 수 없는 예의로 여겨진다.

한 집에 3대가 같이 사는 집의 경우엔 주로 조부모님, 드물

게는 가정부가 요리를 맡는다. 오늘날 도시에서는 다양한 종류의 배달 음식을 싸고, 빠르고, 편리하게 먹을 수 있기 때문에 접대하는 사람들에게 인기 있는 선택지이다. 그들은 심지어 요리사를 집으로 불러 직접 요리를 부탁하는 예약 앱을 이용하기도 한다.

음식이 화려하고 멋진 경우는 잘 없다. 식탁이 접시들로 가득 덮여 있긴 하지만, 메뉴 자체는 가족들이 평소 아무 때나

먹던 것들과 다를 바가 없을 것이다. 하지만 이 자체로 친밀함의 표시이니 고마워해야 한다. 중국인들이 격식을 덜 차릴수록, 그들이 당신을 더 가깝게 여긴다는 뜻이다.

집주인이 특히 나이가 많은 경우에는 당신이 많이 먹지 않는 걸로 야단스럽게 굴 수도 있다. 상냥하게 음식을 계속 권한다는 것은 그들이 당신을 자식처럼 여긴다는 의미이다. 집주인이 직접 음식을 집어서 손님의 그릇에 올려놓는 경우도 있는데, 이 역시 굉장한 애정의 표현이다. 서빙 스푼이나 젓가락을 사용하는 것이 점점 흔해지고 있기는 하지만, 여전히 다 같이 먹는 접시의 음식을 자기 젓가락으로 집어오는 사람도 많다. 술이 나올 경우, 잔이 넘칠 것처럼 꽉 차 있어도 놀라지 말라. 접시의 크기와 수로 후한 대접을 표현하듯이 중국인들에게는 많으면 많을수록 더 좋은 것이다.

선물

중국인들은 가까운 친구나 친척들을 집으로 초대하는 것을 매우 일상적인 일로 여기기 때문에, 설날 같은 명절이 아니고

서야 선물을 가지고 가는 것이 좋기는 하지만 필수는 아니다. 집에 아이가 있다면 조그만 장난감을 준비하는 것도 좋을 것이다. 그렇지 않으면 외국 물건, 특히 술, 초콜릿, 과자 등이 환영받는다. 예쁘게 포장된 과일 바구니는 어떤 경우에라도 안전한 선택이다. 과거에는 외국 담배 또는 고급 담배가 가장 탐내는 선물이었지만 지금은 도시에서의 흡연에 대한 태도 변화 때문에 미리 확인을 해보는 것이 좋다. 하지만 여전히 시골에서는 비싼 담배 한 상자면 집주인이 흡연가가 아니더라도 최고의 손님이 될 수 있다. 받은 선물을 다시 다른 사람에게 선물할 수도 있기 때문이다.

설 명절 동안은 선물 규모도 커진다. 커다란 과자 상자 또는 빨간 포장지로 예쁘게 꾸민 차나 술 등이 인기 있을 것이다. 선물 자체는 꼭 비쌀 필요가 없지만 크기가 적당해야 하고 포장이 잘 되어 있어야 한다. 공식적이거나 사업과 관련된 상황에서는 여러분 나라 특유의 공예품이나 기념품을 가져가는 것도 좋다.

친구에게 주는 개인적인 선물에 너무 많은 돈을 쓰지 마라. 상대가 화답할 준비가 되어있지 않거나 능력이 없다면 당황할 수도 있다. 선물을 내밀 때는 꼭 두 손을 사용하고, '자그마한

• 선물에 관한 팁 •

중국 친구에게 선물을 할 때는 시계 또는 손목시계는 피하라. 중국어로 시계를 '종'이라고 하는데 죽음, 끝남을 의미하는 '종'과 발음이 같아 선물로는 기피한다. 뾰족한 물건은 우정의 끝을 상징해 선물로 주고받지 않는다. 장례식에서 주는 선물로 알려져 있는 손수건도, 헤어진다는 뜻을 가지고 있는 '리'라는 단어와 발음이 같은 과일 배도 피하도록 한다. 장례식에서 장식으로 쓰는 노란 국화와 하얀 꽃도 선물하지 않는다. 헤어진다는 뜻의 단어 '산'과 발음이 같은 우산과 귀신을 공격한다는 거울도 선물로는 좋지 않다. 한편 선물을 빨간 종이로 포장하는 것은 행복과 행운을 상징한다.

걸 준비했습니다. 대단한 건 아닙니다' 정도의 말을 곁들이면 된다. 중국인들은 선물을 받기 전에 적어도 한 번에서 세 번까지 거절을 할 때가 있다. 나이든 사람들은 실제로 선물을 밀쳐 내거나 왜 돈을 낭비했냐며 꾸짖기도 한다. 하지만 맨 처음 선물을 거절하는 이유는 중요한 것은 둘 사이의 관계이지 물질적인 것이 아니라는 걸 표현하기 위해서이다. 그런 의미에서 선물을 받은 사람은 당신 앞에서 선물을 개봉하기보다는 얼른 옆으로 치워놓는 경우가 많을 것이다.

시간 약속

새로운 친구와 식사를 함께하든, 오랜 친구의 집에 놀러 가든, 사업상 회의에 참석하든 시간 약속은 생명이다. 중국 사람들은 시간을 지키지 않는 것을 무례하다고 여긴다. 중국인들은 아침 일찍 일어나고 일찍 잠들기 때문에, 점심시간은 아마도 오전 11시 30분부터 오후 1시 사이가 될 것이며 저녁 식사는 오후 6시 정도에 시작될 것이다. 보통은 식사든 회의든 방문이든 지체 없이 끝난다. 식사가 끝나고 몇 분 간 대화를 나누는 것은 괜찮지만 그 후에는 곧장 일어나서 나가야 한다. 만약 다른 사람 집에 방문했을 경우에는 너무 급하게 출발하는 느낌을 피하기 위해 조금 더 오래 머무는 것도 괜찮다. 집주인이 출구나 엘리베이터까지 배웅을 하거나 택시를 태우고 작별 인사까지 하는 것이 예의이다. 헤어지는 와중에 좀 더 있다가 가라고 말하는 것은 와줘서 고맙다는 답례의 표시이다.

남자와 여자

반대의 성을 가진 사람을 상대할 때에는 맨 처음 악수를 제외하고는 신체적인 접촉이 거의 없지만 동성끼리, 특히 여성끼리는 서양보다 훨씬 더 접촉을 많이 하는 경향이 있다. 친구끼리 입맞춤을 하는 경우는 극히 드물다. 포옹도 점점 흔해지고 있기는 하지만 여전히 많은 사람들은 연애 파트너가 아닌 일반 사람들끼리는 제한된 신체 접촉을 선호한다.

【 데이트 】

보통 중국인 커플끼리 데이트를 시작하면 당연히 둘의 사이는 진지하며 결혼까지 이어질 수 있을 거라고 생각한다. 서로의 부모에게 파트너를 소개시켜주었다면 결혼은 거의 확실한 셈이다. 중국인과 데이트를 하는 서양인들은 이 점을 조심해야 한다. 본인은 가벼운 관계라고 생각할지 몰라도 중국인 상대는 둘의 관계를 훨씬 더 심각하게 보며, 그들의 '진지한' 연애가 결혼으로 이어질 수도 있다고 기대하기 때문이다. 간단하게 말하면, 중국인들은 가볍게 데이트를 하지 않는다.

　이 외에는 특별히 지켜야 할 규칙은 없다. 다만 한 가지 기

억할 것은 중국 사회에서는 (특히 여성의 경우) 사교상의 음주가 딱히 중요한 역할을 하지 않으며, 자신들에게 구식 기사도 정신을 발휘해주기를 기대하는 젊은 중국 여성들이 서양보다 훨씬 더 많다는 것이다. 그런 맥락에서 음식점에서나 어디에서나 비용을 지불하는 쪽은 남성이다. 중국에서는 어떤 경우에서도 비용을 각자 부담하지 않는데, 특히나 데이트의 경우엔 더욱 그렇다. 남자가 돈을 내지 못하게 되는 것을 엄청난 체면

손상으로 여긴다.

　중국 남성과 데이트를 해 본 서양 여성들은 보통 그들이 친절하고 사려 깊다고 말한다. 중국 남성들은 여성이 남성과 동등하며, 때로는 오히려 우월하다는 교육을 받고 자랐을 것이다. 아무래도 결혼 적령기 여성이 부족하고, 무엇보다 오늘날 중국 여성이 중고등 학교에서나 대학에서 남성들보다 더 높은 성과를 올리기 때문이다. 아마도 중국 남성들은 앞으로도 계속 구식 스타일대로 자신의 데이트 상대를 애지중지하며 대할 것이다. 한편 남성에 대한 지역적 고정 관념이 여전히 강하다. 중국 북부의 남성들은 더 마초적이고 전통적인 반면, 남부 남성들은 더 부드럽고 집안일이나 요리도 더 잘 하는 것으로 인식한다.

【 동성애 】

중국의 동성애는 1997년 합법화되었으며 2001년에는 정신병 분류에서 제외되었다. 최근에는 LGBT 커뮤니티에 대한 태도가 훨씬 더 관대해졌다. 대도시에서는, 특히 여성의 경우, 굉장히 중성적인 외형이 흔해지고 있어서 그런 모습에 놀라는 사람은 한 명도 없다. 주요 도시에서는 LGBT 커밍아웃도 편해져서 젊은 동성애자들이 친구들에게, 다국적 기업에서라면 동료들에게 자신의 성 정체성을 알리기도 한다. 그러나 가족들에게는 커밍아웃을 하지 못하는 경우가 많다. 아직도 효도가 유교적 가치로서 만연해 있고, 많은 사람들이 결혼하여 한 명이상의 자녀를 낳아야 한다는 부모의 압력을 받고 있기 때문이다. 이런 탓에 대부분의 동성애자들은 가족에게 비밀을 숨기고 거짓 결혼을 하며 부모님 앞에서 이성 애인인 척 연기를 해 줄 친구를 찾거나 사람을 구하는 등 다른 창의적인 해결책을 찾아낸다.

민감한 주제

중국 사람들은 일단 당신을 믿을 수 있다고 생각하면, 사석에서 무엇이든 자유롭게 이야기하지만 다음의 세 가지 주제는 피하는 것이 좋다. 바로 '티베트, 타이완, 톈안문 사건'이 그것이다. 보통 티베트는 중국의 일부로 여겨지는데, 외국인이 티베트를 독립국가로 이야기한다면 상대 중국인은 크게 당황할 것이다. 타이완 역시 대화의 주제로 올릴 수 없다. 그리고 1989

년 베이징 천안문에서는 대중의 시위가 군대에 의해 잔인하게 진압되었으나, 중국 젊은이 중 이때 무슨 일이 있었는지 정확히 아는 사람이 거의 없다.

관련된 키워드를 포함하여 이 사건에 대해 쓴 글을 온라인에 올리면 몇 년 간 이용 중지를 당하게 된다. 언급이 금지된 주제에 대해 실수로 이야기를 하게 되었더라도 상대방의 반응을 보고 금방 눈치를 챌 수 있을 것이다. 하지만 중국 내 문제에 대해 똑같이 떠벌리더라도 그 주체가 외국인이라면 상대가 당황할 수 있고 방어적으로 나올 수 있다는 것을 기억해야 한다.

중국의 호칭

전통적으로 개인보다는 가문 또는 문중이 중시되었던 영향으로, 중국의 이름에서는 성이 이름 앞에 온다. '장화'라는 이름이 있다면 성이 '장'이기 때문에 '화 선생님'이 아닌 '장 선생님'이 된다. 최근에는 서양식으로 이름 뒤에 성을 말하는 사람들도 간혹 있다. 중국 이름 중에는 '징왕'처럼 두 글자로 이뤄진 이름이 많으므로, 상대에게 성이 무엇이냐고 먼저 물어보는 것이 좋을 것이다. 중국의 성 중 두 음절로 된 복성은 단 30개뿐이며, 나머지는 모두 한 음절로 이루어진 단성이다. 가장 흔한 성으로는 '장, 왕, 우, 자오, 리'를 꼽을 수 있다.

상대 중국인에게 말을 걸 때는 Mr., Ms., Miss 뒤에 성을 붙이는 것이 가장 좋다. 중국인들은 서양인들보다 훨씬 격식을 차리기 때문이다. 공산주의자들이 두루 쓰던 통츠, 즉 '동무'라는 호칭은 이제 더 이상 사용되지 않는다. 중국 여성은 결혼 후에도 성을 바꾸지 않기에 여성의 이름에 Mrs.는 붙이지 않는 게 보통이다.

왕 시장님, 이 매니저님, 장 선생님, 저우 기사님같이 성에 직함을 붙여 부르는 경우도 많다. 중국에서는 서로를 이렇게 부르는 경우가 많으므로 알아두면 유용할 것이다. 만약 중국에서 일을 하고 있다면, 중국인들도 예의를 갖춰 당신의 성에 직함을 붙여 부를 것이다.

이름이 한 음절인 사람을 부를 때는 가족이나 친구, 동료들 사이에서도 이름과 성을 같이 불러야 한다. 예를 들어 양 후안Yang Huan은 절대로 후안만 부르면 안 된다. 아무리 가까운 관계라도 무례하게 보일 수 있다. 반면 이름이 양 쉬에리Yang Xueli라 두 음절 이상으로 긴 경우에는 나이가 비슷하고 서로 친하

다는 전제라면 쉬에리라고만 불러도 괜찮다. 헷갈린다면 그냥
성까지 다 붙여서 부르자.

오늘날 도시에 사는 중국인들 중 많은 수가 영어 이름을
사용하고 있다. 단지 서양인 동료들의 편의를 위해서 뿐만 아
니라, 영어 사용과 무관하게 중국인들끼리도 흔히 사용한다.

마찬가지로 중국에 거주하는 외국인들 중에도 중국 이름을
지어 일상생활에서 사용하는 경우가 있다. 중국에서는 이름의
소리와 의미가 중요하다. 좋은 중국 이름을 지어줄 사람이 있
다면, 확실히 당신의 명함이 더욱 눈에 띌 수 있을 것이다.

다른 이의 이름을 부르는 또 다른 방법으로는 성 앞에 라오

나 샤오를 붙이는 것이 있다. 샤오는 '어린' 또는 '작은'을 의미하고 라오는 '늙은'을 뜻하는데 대략 35세를 기점으로 나뉜다. 그래서 처음 중국에 왔을 때는 샤오 스미스^{Xiao Smith}였지만 어느새 라오 스미스^{Lao Smith}가 익숙해지는 때가 올 수 있다. 비록 당신은 늘어가는 나이를 아무도 알아차리지 못하면 좋겠다고 생각할지 모르겠지만, 중국인들은 늙어가는 당신의 나이에 존경을 표시하고 있다는 것을 잊지 말아야 한다. 한편 라오는 친구들 사이에 애정을 표현하는 말로도 사용될 수 있다.

샤오나 라오는 친구나 동료 사이에서는 사용 가능하지만

• 미즈 후, 그리고 미스터 리 •

홍콩이나 마카오는 예외지만 중국의 여성들은 결혼을 해도 성을 바꾸지 않는다. 그래서 미즈 후와 미스터 리가 실제로는 부부 사이라는 것을 깨닫는 데 한참 걸릴 수 있다! 아이는 보통 아빠의 성을 따르지만, 만약 아이가 둘이라면 한 명이 아빠 성을, 한 명은 엄마 성을 따를 수도 있다. 부모 성을 모두 쓰는 경우도 있다.

잘 모르는 사람에게는 써선 안 된다. 중국인 친구의 부모님이나 부모님 연배의 친척들에게 말을 걸 때는 아저씨라는 뜻의 '슈슈', 아주머니란 뜻의 '아이'를 쓰면 된다.

05

사생활과
가정생활

중국 인구 중에서 그나마 스트레스를 덜 받는 집단이 있다. 바로 노인층이다. 중국의 노인들은 느긋한 여유를 즐기고, 손주들을 돌보고, 공원에 가서 춤을 추거나 노래를 부르거나 태극권을 즐기고, 여행을 즐긴다. 이들은 가족이 자신을 존중하고 사랑한다는 것을 잘 알고 있다. 오늘날 중국인은 더 건강하게, 더 오래 살고 있다.

가족

중국에서 가족은 여전히 개인의 행복과 안전을 보장해주는 사회의 최소 기본 단위로 기능하고 있다. 혼전 성교에 대해 엄격했던 사회규범이 누그러지고 있지만, 미혼모는 여전히 보기 힘들고, 이혼율도 낮은 편이다(빠르게 높아지는 중이긴 하지만). 나이 든 부모를 양로원으로 보내는 대신 집에서 돌보는 것도 아주 흔한 풍경이다.

특히 남부 중국에서 가족은 더 큰 단위의 가문을 구성하는 한 부분으로, 서로 도우며 사는 것을 의무로 여긴다. 아이들은 부모를 공경해야 하는데, 바로 이것이 공자가 말한 '효孝'라는 기본적 개념이다. 공자는 "효는 모든 덕의 근본이다. 부모를 섬기는 데서 시작된 효는 나라를 섬기는 것으로 이어져, 자신을 바로 세우는 것으로 끝이 난다"고 했다. 하지만 사람들은 중국의 한자녀정책이 전통적인 효 사상에 부정적인 영향을 미쳤다고 말한다. 한 가정에 한 자녀만 낳게 되면서 부모가 자녀를 떠받들게 되었고, 외동으로 자란 아이들은 다른 이와 나누는 법을 배울 필요가 없었기 때문에 이기적으로 자랄 수밖에 없다고 입을 모은다. 중국에서 이런 아이들을 '소황제'라 부른

다. 어딜 가나 금지옥엽으로 자란 외동아들딸들이 부모를 졸
라 원하는 것을 얻어내는 광경을 볼 수 있다. 하지만 이것도
아이들이 어릴 때뿐이다. 학교를 다니기 시작하면, 이 소황제
들은 온 집안의 희망을 홀로 어깨에 짊어지고 상당한 압박감
에 시달려야 한다.

    도시가 아닌 교외로 가면 가족생활은 아이 중심이 아니라,
온가족이 힘을 모아 부자가 되는 데(혹은 먹고 사는 데) 있다. 대
가족을 중요하게 여기는 마음가짐은 언어에도 그대로 반영된
다. 중국은 가족 구성원 모두를 위한 친족 어휘를 가지고 있

다. 이 사람이 엄마 쪽 친척인지, 아빠 쪽인지, 태어난 순서는 어떻게 되는지 어휘로 나타낼 수 있는 것이다. 107) 예를 들어 같은 삼촌이라도 엄마의 오빠인 삼촌을 부르는 말과 아빠의 남동생인 삼촌을 부르는 말, 네 명의 자녀 중 막내인 삼촌을 부르는 말이 각기 다르다.

외동 1세대는 사촌 형제들이 있기 마련이고, 중국인들은 사촌들을 부를 때도 형제들을 부르는 호칭을 그대로 사용한다. 만약 40세 이하의 중국인이 형제 자매에 대해 이야기를 한다면 아마도 사촌을 염두한 것일 가능성이 크다.

한자녀정책 하에 태어났으나 좀 더 어린 세대는 삼촌, 이모, 사촌 등이 없는 경우도 있지만 형제자매에 대한 기대를 갖고 있을 순 있다. 2015년 정부는 인구 고령화에 의한 경제적 악영향을 막기 위한 노력의 일환으로 한 커플당 2명까지 자녀를 낳을 수 있게 정책을 완화했다. 하지만 지금까지는 정책의 실패로 원하는 변화를 가져오긴 힘들어 보인다. 중국 국가통계국에 따르면 2018년에는 전년에 비해 200만 명 적은 신생아가 태어났다. 특히 도시 지역에서는 둘째를 갖는 것도 꺼리는 경향이 있다. 부모가 자녀의 교육 등에 과도한 돈을 지출하는 상황에서 둘째까지 부양할 여력이 없다고들 한다. 꼭 재정적인 부담 때문이 아니라도 도시에서의 삶의 질, 도와줄 일손의 부족, 커리어를 이어나가고 싶어 하는 워킹맘의 망설임 등 걱정거리가 많다. 마지막으로 한 자녀 가족의 생활 방식이 이젠 더 익숙해지고 편해진 것 역시 무시못할 이유 중 하나다.

주택

과거 베이징 같은 도시를 너무나 매력적인 곳으로 만들어 주었던 마당 딸린 전통 가옥들이 급거 철거되면서, 현재 대부분의 중국인들은 고층 아파트에 살고 있다. 중화인민공화국은 막대한 양의 주택 건설에도 불구하고 심각한 주택 문제를 겪고 있다. 공간이 부족한 탓에 모든 구석구석에 짐을 보관하다 보니 집이 어수선해 보이기도 한다. 서로 아주 가까이 붙어살다 보니 프라이버시도 부족하다. 그래서 아이의 장난이나 텔레비전 소음 등 사소한 일로 흔하게 충돌이 발생한다.

베이징, 상하이, 선전 등 대도시에서의 아파트 가격은 상상을 초월한다. 〈사우스차이나 모닝포스트〉에 따르면 베이징의 주택이 2003년에는 제곱미터당 평균 4천 위안(580달러)에 팔렸

다면 2018년에는 제곱미터당 6만 위안(8,600달러)로 올랐다고
한다. 부동산 해설자 장린은 오늘날 평균적인 가정이 베이징에
서 집을 장만하기 위해서는 임금을 20년 이상 쓰지 않고 모아
야 할 것이라고 지적했다. 이는 뉴욕이나 도쿄에 비해서도 거
의 두 배나 긴 기간이었다. 임대를 하면 훨씬 적은 돈이 들겠
지만 그래도 사람들은 무리를 해서라도 주택 소유주가 되기
위해 노력을 한다. 〈포브스〉에 따르면, 중국의 가족 90퍼센트
가 집을 소유하고 있다. 종종 대가족 전체의 예금이 도시 부

동산의 계약금으로 들어가기도 한다.

시골에서 농사를 짓고 사는 가족들은 자가를 소유하려는 경향이 강하며, 여윳돈이 조금이라도 생기면 방을 하나 더 만들거나 한 층을 더 증축하는 방식으로 집을 확장한다. 하지만 젊은 층이 결혼 후 자유롭게 나라의 이곳저곳을 돌아다니면서 사는 편을 선호하면서 전통적인 대가족도 해체되기 시작했고, 이제 도시에서 3~4세대가 함께 모여 사는 것은 보기 어려운 일이 되었다.

사회관계와 직업

중국 대학 졸업자 수는 굉장한 속도로 늘어나고 있다. 실제로 이십 년 전에 비해 그 수가 열 배는 늘었다. 이런 변화의 부작용 중 하나는 적절한 직업을 갖기 위한 경쟁이 상상할 수 없을 정도로 힘들어졌다는 것이다. 신입 사원이 된 대학 졸업자들의 임금이 저숙련 노동자들보다도 낮은 경우도 생긴다. 서류상으로 중국의 표준노동시간은 40시간이며 월요일에서 금요일까지 일한다. 그러나 성공에 속도를 높이고 싶어 하는 개인 회사의 경우에는 연장근로수당도 주지 않고 추가로 일을 시키기도 한다. 중국의 기술 회사들은 '996'이라는 무시무시한 불문율을 적용하는데, 이는 월요일부터 토요일까지 오전 9시부터 밤 9시까지 일해야 한다는 뜻이다. 주 6일 근무는 서비스업에서도 흔하며, 이주 노동자들의 근무 환경은 이보다 더 나쁠 수도 있다. 해외 대학을 졸업하고 다시 중국으로 돌아온 이들을 일컫는 '바다거북'들도 여건은 좋지 않아서 막 졸업한 이들의 임금은 월평균 5천 위안(710달러) 정도이며, 점점 물가가 올라가는 중국 대도시에서 편안하게 생활하기에는 턱없이 부족한 돈이다.

일상생활

중국인들은 오전 6시 정도로 일찍 일어나며, 직장이나 학교가 오전 7시 30에 시작하는 경우도 있다. 대도시에서의 출근길은 험난하다. 길이란 길은 다 막히고 대중교통이란 대중교통은 모두 만원이며 질서 있게 줄 서는 모습은 찾아볼 수 없다. 중국인들은 점심식사 후 짧은 휴식시간을 갖는다. 어린 시절 학교에서든, 어른이 되어 직장에서든, 중국인들은 이 휴식시간을 확보하지 못하면 제 컨디션을 찾지 못하고 힘들어한다. 마오쩌둥 시대에는 유급휴가라는 개념 자체가 없었지만, 오늘날에는 많은 사람들이 춘절이나 노동절, 국경절에 연휴를 즐긴다.

보통 오후 6시 정도에는 직장이나 학교가 끝나며, 사람들은 집으로 돌아가는 길에 슈퍼마켓, 노점상, 30분 만에 집 앞으로 재료를 배달해주는 온라인 판매처 등을 이용하여 저녁거리를 구입한다. 집에서는 남녀를 가리지 않고 요리를 하는 편이나, 대도시의 경우에는 식사를 준비해주는 가정부가 있는 경우도 있다. 상하이 가족들의 4분의 1은 '아이(아주머니)'를 고용하여 요리부터 육아까지 모든 것을 맡기고 있다. 저녁을 집 밖에서 먹는 것 역시 대중적이며 경제적 부담도 없다.

교육

중국 학교의 학기는 9월에 시작해, 1월 중순에서 2월 말까지 겨울방학을, 7월 중순에서 8월 말에 여름방학을 갖는다. 학생들의 생활은 서양보다 훨씬 규칙적이다. 아주 어린 학생들도 반장을 맡고 교실 청소를 하며, 이런 일을 아주 진지하게 생각한다. 종종 늦게까지 선생님들과 학교에 남아 어마어마하게 많은 양의 숙제를 하기도 하고, 다양한 방과 후 프로그램이나 과외 활동에 참여하기도 한다. 과외 수업 과목으로는 영어와 수학이 가장 일반적이며, 대학 입학 시험인 가오카오에서 가산점을 받기 위해 악기를 배우기도 한다. 수업은 엄격하며 암기 과목이 많다. 매 단계 매우 경쟁적인 시험을 치르며 이러한 체제는 대학에 들어갈 때까지 계속 유지된다.

아이를 상위권에 두기 위한 노력의 일환으로, 경제적 여유가 있는 집에서는 소위 '학군'이 좋은 곳 주변에 주택을 구매하기도 한다. 그래야 그 주변 대학에 입학 허가를 받을 기회가 커지기 때문이다. 그러다 보니 이 지역 집값은 굉장히 높다. 부모들은 대부분 학교 일을 매우 열정적으로 지원한다. 교사와 부모가 매일같이 연락을 할 정도다. 부모는 자녀를 격려하고 후원하는 데 많은 시간을 쓰며, 동시에 대학까지 뒷바라지할 돈을 모으기 위해 일도 열심히 한다.

종종 '뒤처진' 아이들로 불리기도 하는 시골 지역 어린이들은 상황이 훨씬 힘들다. 부모들은 일자리를 찾아 도시로 이주했기에 아이들은 대부분 조부모의 손에 길러지며, 공부뿐만 아니라 집안일에도 참여해야 하는 등 도시 아이들은 겪지 않을 문제와도 씨름해야 한다. 시골 학생들은 교육의 기회가 제한되어 있다 보니 도시에 사는 동년배들과 학업적으로 경쟁을 하는 것이 점점 더 힘들어지고 있다.

중년과 노년 사이

중국 인구 중에서 그나마 스트레스를 덜 받는 집단이 있다. 바로 노인층이다. 중국의 노인들은 느긋한 여유를 즐기고, 손주들을 돌보고, 공원에 가서 춤을 추거나 노래를 부르거나 태극권을 즐기고, 여행을 즐긴다. 이들은 가족이 자신을 존중하고 사랑한다는 것을 잘 알고 있다. 노인들을 위한 대학교 역시 붐이다. 그렇지만 시골 지역 노인들의 삶은 더 고달프다. 사회적 편익이 제한되어 있기에, 부양을 위해 자녀와 가족들에게 더 많이 의존해야 하기 때문이다.

전체적으로 보아 사람들은 더 건강하게, 더 오래 살고 있다. 하지만 그 반면 출생률은 떨어지고 있다는 것을 고려하면 마냥 긍정적이지는 않다. 이는 중국 경제가 직면한 더 큰 이슈,

즉 노인 인구의 증가와 그 짐을 짊어져야 하는 젊은이들은 감소 문제의 일환이기 때문이다.

사랑과 결혼, 혹은 미혼

오늘날 중국 젊은이들의 부모 세대는 약혼과 결혼, 이혼을 위해서는 자신이 속한 직장 상사의 승인을 받아야만 했다. 이는 부분적으로 조혼의 풍습을 금지하려 했던 국가 차원의 노력이

었다. 결혼 또는 이성교제의 최저 연령은 25세 정도로 정해졌는데, 이는 산아제한을 위한 방법이기도 했다. 지금은 연애와 결혼 모두 이전과는 비교할 수 없을 만큼 자유로워졌고, 결혼 전 동거도 흔한 일이 되었다. 젊은 연인에게 문제가 있다면 (서양과 마찬가지로) 함께 살 예산에 맞는 집을 찾는 것이다. 오늘날 법적 결혼 연령은 여성은 20세, 남성은 22세이다. 시골 지역에서는 법적으로 가능한 나이가 되자마자 가족들이 결혼을 장려하는 경우도 종종 있으나, 도시에서는 대부분 20대 후반이나 30대 초반에 결혼을 한다. 최근 들어 '번개 결혼' 유행이 생거나면서 첫 만남 후 100일 안에 결혼을 하는 커플도 있다. 아마도 초기 경력 구축의 해가 지나면 정착을 해야 한다는 압력에 대한 반응일 것이다.

과거에는 행복한 결혼이 드물었다. 새 신부에게 가혹한 시어머니가 많았지만, 아무리 구박을 받아도 여자는 꾹 참고 결혼생활을 이어나갔다. 과부는 재혼하지 않았는데, 한 번 넘게 결혼하는 것은 부도덕한 행위라고 여겼기 때문이다. 1949년 이후, 여성의 법적 지위는 상당히 개선되었지만 이제까지 이룬 남녀평등을 퇴보시키는 움직임이 나타나 페미니스트들의 경계를 일으키고 있다. 먼저 공산당은 결혼 적령기인 27세를 넘었음에도 불구하고 결혼하지 않은 여자들을 가리켜, '남겨진 여자'라는 뜻의 '셩뉘'라는 신조어를 만들었다. 미국의 작가 겸 기자인 레타 홍 핀처가 쓴 책에 따르면, 2011년 중국 관영 〈신화통신〉은 다음과 같은 내용의 사설을 실었다. "비극적인 것은 여성들이 나이가 들어감에 따라 자신의 가치가 떨어진다는 것을 깨닫지 못한다는 것이다. 결국 이 여성들이 석사학위나 박사학위를 딸 즈음에는 이미 나이가 찰대로 차게 된다." 또한 핀처는 이렇게 썼다. "정부는 미혼 인구가 적을수록 사회가 안정된다고 생각한다. 새 가족은 소비와 부동산 붐을 주도하는데다 고등교육을 받은 여성이 결혼하면 '더 뛰어난 아기'들이 태어날 것이라는 계산이다." 정부가 나서서 여성의 나이에 관한 사회적 낙인을 되돌려 놓았음에도 불구하고 오늘날 고학력의 여성들은 이런 협박에 굴하지 않고 이에 당당히 맞서고 있다. 일부는 '남겨진 여자'라는 뜻의 '셩뉘'와 발음은 같지만 '승리한 여자'라는 뜻을 지닌 새로운 단어를 만들어내 자신을 지칭하며 계속 비혼으로 남겠다는 결심을 확고히 드러내고 있다.

결혼을 택한 여성들도 평생 결혼 상태를 유지해야 한다는 의무감을 더 이상 느끼지는 않는다. 이혼이 간단해지고 저렴해진 2003년 이래 이혼 건수는 계속해서 증가하고 있다. 중국의 웹사이트 웨이보에 따르면 베이징에서는 이혼율이 40%에 근접한다. 이혼 사유 중 하나로 소셜미디어가 발달하면서 불륜이 전보다 쉬워졌다는 것과, 여성들도 자신의 삶에 바라는 것이 이전보다 많아져 더 이상은 가정폭력과 불행을 참고 살지 않는다는 것을 들 수 있다. 그뿐만 아니라 여성의 수입 수준이 남성과 비슷하거나 더 높기 때문에 남편의 월급에 의존할 필요가 없어진 것도 이 같은 현상에 일조했다. 이혼이라는 낙인은 옛말이 되었다. 관료주의적인 나라 중국이지만, 30분

들여 이혼 신청서를 작성하고 몇 천 원 정도만 내면 간단하게 이혼할 수 있다. 하지만 늘 그렇듯 시골에서는 연애와 결혼 모두 아직 전통을 많이 따르고 있다.

06

여가생활

새벽녘에 거리로 나서면 조용히 아침 운동에 몰두하는 사람들이 많다. 중국의 어느 도시나 마찬가지다. 온정신을 집중해서 천천히 동작을 이어가는 '기공'이라는 운동을 하는 사람들이 특히 많은데, 사람들은 동작과 호흡 그리고 심상을 결합시킨 이 운동을 통해 자기 몸의 기(氣)의 흐름을 다스린다.

여가생활

중국의 근로 시간은 서양보다 길며, 사람들은 대체로 자신의 일에 헌신적이다. 오늘날 사람들은 소중한 자유 시간을 다양한 방법으로 소비하려고 하며, 보통 그 시간을 최대한 활용하려고 노력한다. 보통은 친구들과의 외식, 스포츠 관람이나 참여, 쇼핑, 수업 듣기, 영화나 콘서트 관람, 클럽과 노래방 등으로 여가 시간을 보낸다. 외국인들 역시 이 모든 활동에 손님으로, 참여자나 관람자로 함께 할 수 있다. 소셜미디어 활동, 게임 하기, 라이브스트리밍 쇼 보기, 보정 앱이나 최신 비디오 앱 등 가지고 놀기 등 온라인에서 시간을 보내는 사람도 많다.

주요 도시의 홈페이지에 가면 현지의 주요 행사 일정을 영어로 확인해볼 수 있고, 현지에서 사귄 중국 친구와 동료, 투어 가이드도 기꺼이 더 많은 정보를 제공하고 당신과 동행해 줄 것이다.

중국의 관광 산업은 매년 커지고 있다. 가격이 비싸지 않으며, 특히 공휴일을 이용해서 즐길 수 있다는 점에서 국내 여행이 아주 인기가 좋다. 경제적 여유가 있는 사람들에게는 아시아, 유럽, 미국, 호주 등이 인기 있는 해외 여행지이며, 아프리카, 카리브해, 심지어 남극처럼 사람들이 많이 가보지 못한 여행지에 대한 틈새시장도 점점 커지고 있다. 그리고 이 여행만큼이나 중요한 것이 여행 중에 찍은 사진이나 클립을 다양한 소셜미디어 플랫폼에 업로드하여 공유하는 것이다. 해외 여행은 계속해서 사회적 지위를 부여하며, 그들이 만들어내는 게시물은 가치 있는 소셜화폐의 한 형식이다.

집밥과 외식

별 특징 없는 길거리의 가판대부터 도심부 고가의 레스토랑까지, 중국의 음식에 대한 열정은 장소를 가리지 않는다. 전통과 혁신을 모두 아우르는 다양한 지역 음식은 자존심 높은 식도락가들을 단숨에 소환할 수 있는 충분한 이유가 된다. 대놓고 말해서 중국인들은 음식을 굉장히 진지하게 받아들인다. 대도시 사람들은 최신 디저트나 새롭게 변형된 밀크티를 맛보기 위해서 (그리고 아마도 사진을 찍기 위해서!) 도시를 가로질러 운전한 뒤 몇 시간씩 줄을 서기도 한다. 해외로 여행을 가거나 이사를 가기 전 음식 문제로 고민하는 것도 이상한 일이 아니다. 그들

은 진지하게 질문한다. '거기서 도대체 뭘 먹지?'

전통적인 중국 음식에는 채소가 많이 포함되어 있고, 요리 시간도 빠르기 때문에 영양소 파괴가 적다. 식재료 쇼핑도 열정적으로 하기에 구입 전에 찔러보고, 흔들어보고, 냄새 맡고, 꼼꼼히 검사한다. 미리 조리되어 있는 '간편식'은 잘 안 먹는다. 음식은 매끼니 새롭게 조리되어야 하고, 생선, 육류, 가금류는 요리 직전에 도축하기도 한다. 음식점에서는 기대한 수조에서 헤엄치고 있는 물고기들 중 직접 먹을 것을 고르기도 한다.

20~30년 전만 해도 중국인들 대부분은 탄수화물 위주의 식사로 근근이 먹고 살았다. 북부 지방에서는 밀로 만든 면, 남부 지방에서는 밥과 함께 약간의 채소를 곁들이는 식이었다. 육류나 생선은 굉장히 진귀한 사치품이었다. 예를 들어 소고기는 '백만장자의 고기'라고 불릴 정도였다. 하지만 오늘날 이런 이야기는 먼 추억이 되었다. 대부분의 사람들은 매일 기본적으로 육류(대부분 돼지고기이나 닭과 소고기까지)를 소비할 수 있고, 실제로 소비한다. 물론 밥이나 면 같은 주식은 여전히 타협할 필요도 없을 정도로 필수적인 요소이다.

전반적으로 중국 본토의 음식은 서양인들이 본국의 중국 음식점에서 먹었던 것과는 그 맛과 냄새가 다소 다르다. 맨 처음에는 그 다양함에 압도된다. 만두, 훠궈, 채소, 육류, 해산물 요리 등 종류가 셀 수 없이 다양하다. 하지만 그것들 중 일부, 예를 들어 송화단, 해삼, 소금에 절인 장어, 당나귀 스튜, 매콤한 오리 머리, 닭발 등은 별로 매력적이지 않을 수도 있다. 익숙한 음식이 먹고 싶다면 걱정할 것 없다. 대도시에는 유명한 패스트푸드점이 널려 있기 때문이다. 세계 최고 수준의 다이닝 레스토랑과 더불어 전 세계 그 어떤 음식이라도 다 찾을 수 있다.

오늘날 중국의 레스토랑, 바, 클럽에 가 보면 매우 현대적인 공간에 와 있는 느낌이 난다. 내부 공간은 유행에 맞춰 세련되고 조용하며 깨끗하다. 하지만 실제 중국인들이 즐겨 찾는 공간은, 심지어 연회 현장까지도 좀 더 현실적이다. 중국인들은 약간의 소음과 부산함을 즐기기에, 이런 왁자지껄함이 함께 식사를 하는 데 있어서 빠질 수 없는 요소이다. 음식점에서는 딱히 예의에 벗어난다고 할 만한 것이 없다. 쩝쩝 거리며 먹거나 후루룩 소리를 내는 것도 흔한 일이며 무례하다고 여기지 않는다. 하지만 좀 더 격식을 차린 공간이나 행사에서는 또 조금 이야기가 달라진다.

【 식당에서의 에티켓 】

고급 레스토랑에 가면 쏜살같이 직원이 뛰어나와 자리를 안내해줄 것이다. 중국어를 모르는데 영어 메뉴판이 없다고 해도 걱정할 것은 없다. 보통 메뉴판에는 주요 요리의 사진이 있어 사진을 보고 주문할 수 있고, 옆 테이블에서 먹고 있는 음식을 가리켜 주문할 수도 있다. 직원들은 아주 친절하게 찻잔에 차를 따라주고, 마치 당신이 아무것도 할 수 없는 어린애라도 되는 양 무릎에 깨끗한 린넨 냅킨을 깔아주고, 젓가락 사용법을 가르쳐주며 요란하게 당신을 대접할 것이다. 음식점에서는 가리는 음식(지코우)이 있는지 질문을 할 것이며, 대부분 손님의 요구에 맞춰 최선을 다 해 줄 것이다. 하지만 심각한 알러지가 있으면 조심해야 한다. 예를 들어 중국 요리엔 땅콩이나 땅콩유가 흔하게 사용되기 때문이다.

게스트가 의견을 표시하는 것도 환영받긴 하지만 주문은 주로 초대한 호스트가 한다. 큰 접시에 요리가 나오면 각자 거기서 자기 몫을 덜어 먹는다. 자기 접시로 음식을 덜어올 때는 서빙 스푼과 젓가락을 이용해야 한다. 흰 젓가락은 서빙용이고 검은 젓가락은 음식을 먹는 용도이다(헷갈려서 실수를 하더라도 대단한 잘못은 아니니 걱정하지 말자).

나오는 음식은 모두 조금씩 맛보는 게 좋지만, 생각했던 것보다 훨씬 더 많은 음식이 계속 나올 수 있기 때문에 페이스를 조절하는 것이 좋다. 음식은 보통 찬 음식, 뜨거운 음식, 주식, 수프, 디저트나 과일 순서로 나온다.

중국의 집산주의적, 꽌시 기반의 문화에서는 체면, 명예, 품위가 가장 중요한 가치이기 때문에, 요금을 나눠서 내는 것은 이해할 수 없는 서구의 관습으로 여겨진다. 이곳에서는 식사를 가장 먼저 시작하는 사람이 대접을 하는 걸로 예측하면 된

· 팁 문화 ·

예외가 있을 수는 있지만 팁을 내는 것은 일반적으로 중국의 문화가 아니다. 만약 레스토랑에 팁을 내놓고 자리를 뜬다면, 대부분 직원이 '잊고' 안 가져간 돈이 있다며 쫓아올 것이다. 예외적인 곳은 고급 호텔로, 여기서는 벨보이나 다른 직원에게 팁을 주는 것이 보통이다. 최고급 레스토랑은 흔히 15퍼센트의 봉사료가 계산서에 포함되어 있는데, 봉사료가 포함되어 있지 않아도 팁은 필수가 아니다. 승차호출 앱을 이용해서 자동차를 예약하거나 배달 앱을 통해 음식을 주문할 때, 주문이 빨리 확정되기 위해서 미리 팁을 송금하거나 서비스에 대한 보답으로 팁을 주는 건 가능하다. 현금으로든 위챗의 빨간 봉투로든 팁은 10-30위안 정도면 적절하다. 홍콩과 마카오에서는 서양에서와 마찬가지로 팁을 준다.

다. 정중하게 요금을 내겠다고 제의할 수는 있으나 제의가 거절당했다고 해서 놀라면 안 된다. 만약 당신의 초대가 호의 요청이나 감사 표현과 상관없는 것이었다면, 다음번에 먼저 상대를 초대하고 대접하는 것으로 화답하면 된다.

지역별 음식

중국 음식은 지역에 따라 4대 요리, 8대 요리, 10대 요리로 구분된다. 먼저 4대 요리로는 광둥 요리, 산둥 요리, 쓰촨 요리, 양저우 요리를 들 수 있고, 8대 요리는 여기에 후난 요리, 푸지엔 요리, 안후이 요리, 저장 요리를 더한다. 마지막으로 베이징과 상하이 요리를 더하면 10대 요리가 된다. 여기에 후이 족과 위구르족의 요리에 영향을 준 중동 요리를 더할 수도 있을 것이다. 후이족과 위구르족이 거주하는 지역에 가면 거리의 노점

에서 맛있고 저렴한 양고기 케밥을 맛볼 수 있다.

【광둥 요리】

광둥 요리는 다양한 식재료를 사용한다. 중국 속담에 "광둥 사람들은 날개가 달린 것은 비행기만 빼고 다 먹고, 다리가 달린 것은 책상만 빼고 다 먹는다"라는 말이 있을 정도다. 각 종 수산물과 해산물은 물론이고 새, 토끼, 벌레 등 독특한 재료도 쓰인다. '세 종류의 뱀을 뭉근히 끓인 요리'와 고양이 고기, 산 거북이 요리, 껍질을 바삭하게 튀긴 새끼 돼지 요리 등 난해한 요리도 있다.

【산둥 요리】

바다를 끼고 있는 산둥 지역에서는 해산물 요리가 주를 이룬다. 대표적인 요리로는 파를 넣어 뭉근하게 끓인 해삼 요리, 천천히 푹푹 끓인 가물치 알 요리, 게 알을 곁들인 해삼 요리 등을 들 수 있다.

【쓰촨 요리】

쓰촨 요리는 후추 향이 강한 매운 맛으로 유명하다. 쓰촨 요리

는 입을 얼얼하게 만드는 특별한 검은 후추를 사용하는데, 그 얼얼한 느낌이 일단 익숙해지기만 하면 그리 나쁘지 않다. 쓰촨 요리는 "백 가지 요리의 맛이 다 다르다"고 할 만큼 다채로운 맛을 자랑한다. 위샹로우쓰, 마파두부, 기름 없이 구운 잉어 요리가 유명하다.

【 화이양 요리 】

화이양 요리는 양저우, 전장, 화이안 및 양쯔강 이남 지역의 요리를 모두 아우른다. 화이양 요리의 열광적인 팬에 의하면 화이양 요리는 "신선함과 부드러움, 정성을 다한 준비, 정교한 칼솜씨, 화려한 색상, 훌륭한 상차림, 섬세한 맛"이 특징이라고 한다. 대표적인 요리로는 닭을 연꽃잎과 흙으로 감싸 구운 일명 거지닭 요리, 탕수육, 돼지고기 완자 요리가 있다.

【 채소 요리 】

송나라 시대(960~1279) 이래, 중국인들은 채소 요리를 즐겨 먹었다. 채소 요리는 사찰, 궁중, 민속채소 요리의 세 가지로 나뉜다. 푸른 잎의 푸성귀들과 과일, 식용 버섯을 식재료로 이용하며, 식물성 기름을 두르고 부쳐낸 두부도 먹는다. 하지만 오늘날 중국에서는 베지테리언과 비건이 편히 식사를 하긴 힘들다. 여전히 채소 요리를 만들 때 지방 많은 돼지고기나 그 비슷한 것들로 맛을 내는 것들이 많기 때문이다. 중국인이든 서양인이든 대도시에서는 춘수(비건)와 수시(베지테리언) 식당을 손쉽게 이용할 수 있다. 아니면 불교 사찰 근처에서 간단한 채식 식당을 찾을 수 있을 것이다.

음료

중국인은 매일 엄청난 양의 녹차를 마신다. 우유나 설탕도 타지 않는 게 보통이다. 회의를 할 때도, 직장에서 일을 할 때도, 레스토랑에서도, 정찬 시에도 늘 예외 없이 차를 마신다. 보통차는 식지 않도록 뚜껑을 덮은 찻잔에 담겨 상에 오른다. 티백이나 찻잎 여과기는 사용하지 않기 때문에 찻잔에 둥둥 떠다니는 찻잎들을 걸러내고 차만 마시는 데는 상당한 집중력이 요구된다. 차를 마실 때 찻잔의 뚜껑을 여과기로 사용하는 것도 좋은 팁이다.

차는 녹차, 흑차, 백차, 우롱차, 향차로 나뉜다. 가장 인기 있는 녹차로는 롱징차와 비루어춘을 들 수 있고, 흑차 중에는 치홍과 윈펑을 특별한 차로 여긴다. 프랑스인들이 진지한 태도로 와인을 대하고 그에 대해 박식하듯, 중국인들은 차에 대해 그렇다.

최근 몇 년 간 타이완에서는 새로운 차 종류가 대유행을 하게 되었다. 차에 넣어먹는 쫄깃한 타피오카 볼의 이름을 따 버블티, 보바티, 펄티 등으로 불리는 이 크림색 음료는 원하는 다양한 당도로 과일 조각, 선초, 짭짤한 크림치즈 등 무척이나 다양한 토핑을 추가하여 차갑게 또는 뜨겁게 먹을 수 있다.

커피는 여전히 차보다 인기가 덜하지만, 대도시에서는 유명한 국제적인 체인점이나 국내 커피 전문점에서 다양한 커피를 맛볼 수 있다. 스타벅스의 상하이 리저브 로스터리는 세계에서 두 번째로 큰 체인점이며 종종 건물 밖으로 줄을 선 사람들도 보인다.

중국은 지역마다 특별한 술을 다양하게 보유하고 있다. 추운 날엔 황주를 마셔보자. 이 누런 청주는 자그마한 도자기 컵에 뜨겁게 제공된다. 알코올 함유량은 보통 20퍼센트 미만이다. 더 독한 술로는 보드카와 비슷한 바이주가 있는데, 공식적으로 세계에서 가장 많이 소비된 술이라고 한다. 바이주의 알콜 함유량은 40-50퍼센트로 다양하다. 바이주 중에서 가장 고급으로 알려진 모태주는 종종 국빈 만찬회에 등장하고 전문가들도 몹시 탐을 낸다. 진품의 가격은 한 병에 약 1천 위안(145달러)부터 시작하므로, 훨씬 싼 모태주를 발견했을 때에는 진품이 아니니 피해야 한다. 가벼운 맥주 종류도 다양하며, 좋은 와인도 그 종류가 점점 다양해지고 있다. 어떤 것들은 프랑스 와인 회사와 협력해 생산되고 있다.

흡연

현재 레스토랑, 클럽, 바를 포함하여 실내 공용공간에서의 흡연은 금지되어 있다. 하지만 대도시를 제외하고는 이 법이 엄격하게 적용되지 않기 때문에 고객이나 주인이 흡연을 눈감아줄 수도 있다. 택시도 마찬가지다. 담배 가격은 대부분 매우 싸며, 중국 남성 절반 이상이 흡연자이긴 하지만 그 수는 점점 줄어들고 있다. 반면 과거에는 여성의 흡연이 사회적으로 용인되지 않았지만 지금은 점점 흔해지고 있다.

오락을 위한 쇼핑

현대 중국은 쇼핑객들의 천국이다. 가게는 일주일에 7일 문을 열며 오전 10시부터 밤 10시까지, 혹은 더 늦게까지 영업을 한다. 중국 관광객들이 유럽에 가면 중국과는 달리 제한된 영업시간에 불만을 품게 된다.

중국인들은 싼값에 물건을 사는 것을 매우 좋아한다. 상품 가격은 원칙적으로는 고정되어 있지만 종종 약간의 흥정의 여지를 남겨두기도 한다. 시장에서는 실제로 나중에 계산하게 될 가격보다 세 배 정도는 부풀린 가격에 흥정을 시작한다. 시장에 갈 때는 가능하다면 나쁜 경찰 역할을 할 만한 중국인 친구를 데려가는 게 좋다. 상인들은 매우 집요하게 판매를 강요할 수도 있으며, 영어뿐만 아니라 러시아어, 프랑스어, 독일어 등도 조금씩 할 줄 안다. 서양의 가게에서 판매되는 거의 모든 물건을 중국에서 제조하기 때문에, 지쳐 쓰러질 때까지 쇼핑을 할 수 있다. 그럴 때는 집에 가지고 갈 여분의 여행 가방을 사도록 한다.

오늘날은 많은 이들이 온라인 쇼핑을 선호한다. 중국의 전자상거래 시장은 이미 전체 소매 거래의 60퍼센트를 차지하며 미국, 독일, 프랑스, 일본, 영국의 전자상거래 규모를 다 합친 것보다 더 많다. 타오바오, 티몰, 징둥닷컴 등 구경해 볼 만한 가치가 있는 온라인 쇼핑 플랫폼도 엄청나게 많으며, 위챗에도 셀 수 없이 많은 상점이 있다. 중국 온라인 도매상이 제공하는 상품의 다양성, 고객 서비스의 질, 배달 속도는 타의 추종을 불허한다.

【 위조 상품 】

시장이나 작은 가게에서 파는 로고 찍힌 물건들은 모두 가짜일˙가능성이 높다. 특히 불법 복제된 CD나 DVD, 컴퓨터 소프트웨어는 작동을 하지 않거나 기계에 손상을 줄 수 있으므로 특별히 조심해야 하며, 장난감 역시 안전하지 않다. 하지만 진품인지 의심스러운 물건들이라도 특히 가죽 제품이나 의류의 경우에는 질이 매우 좋을 때도 있다.

'골동품'을 받게 되었다면 그것은 복제품이거나 불법적으로 판매되고 있는 물건일 것이다. 진품은 오로지 공식 상점에서만 구매할 수 있으며, 수출을 허가하는 특별한 보증서가 포함되어 있을 것이다. 중국은 과거 전쟁과 갈등을 겪으며 이미 너무나 많은 유물을 잃었기에 남아있는 것들을 지키기 위해 애쓰고 있다. 종종 홍콩에서 합법적인 골동품을 보게 될 수 있는데, 이는 1930~1940년대 혼란을 피해 홍콩으로 도망쳤던 가족들이 가지고 온 것들이다.

【 무엇을 살까 】

스마트폰과 컴퓨터처럼 하이테크 상품 외에도 중국은 조각품, 자수, 도자기류, 유리 제품, 직조 제품, 판화, 목각 장식품, 전통

염색 제품, 고대 유물의 완벽한 복제품 역시 매우 풍부하다. 작은 천을 이어 붙여 만든 민예품은 고향으로 가져가면 좋은 선물이 된다. 아주 질이 좋은 실크, 캐시미어, 진주, 가죽 제품 그리고 실내 장식품 등도 쉽게 찾을 수 있다. 대도시에서는 위에 언급한 물품들 각각을 파는 전문 시장도 마련되어 있다. 중국에 오래 머무를 예정이라면 맞춤 정장을 구매하는 것도 좋다. 특별히 필요한 아이템이 있는가? 조금만 알아보면 그 물건을 생산하고 판매하는 데 특화되어 있는 거리, 심지어 마을을 찾아낼 수도 있다.

현금 없는 혁명

모든 현금 거래는 런민비(인민의 통화), 즉 위안화로 이루어진다. 공항이나 은행, 호텔에서 환전하면 바로 이 위안화를 받게 될 것이다. 화폐에는 1, 5, 10, 20, 50, 100위안 권이 있다. 1위안은 10지아오이면서 동시에 100펀이고, 1위안, 2지아오, 5지아오, 10펀 등 동전도 유통되고 있다. 중국 사람들은 10펀 동전을 '지아오'나 '마오'의 두 가지 방식으로 불러 외국인은 헷갈리기 쉽다. 그래서 중국인들은 20편보다 2마오, 50편보다 5마오라고 말하는 편이다.

환율은 어디에서나 똑같기 때문에 은행이나 호텔에서 환전을 할 수 있다. 현재 규정에 따르면 외국인은 어떤 통화든 하루에 500달러에 상응하는 금액만 환전할 수 있으니 염두에 두도록 하자.

중국은 RMB(런민비, 위안)가 충분히 전환 가능한 시대로 조금씩 나아가고 있다. 그러니 꾸준히 영수증을 모아야 당신의 RMB가 합법적으로 획득되었다는 증거가 되어, 중국을 떠났을 때도 다른 나라 화폐로 환전을 할 수 있다.

이렇다 보니 일상생활에서 지폐와 동전은 무척이나 보기 힘들어졌다. 중국 내에서는 무현금 혁명이 지나갔기에, 오늘날 대부분 국민들은 무엇을 구매하든 알리페이나 위챗페이 같은 모바일 지불 플랫폼을 이용한다. 최근 조사에 따르면 도시 거주자들은 현금을 평균 100위안(15달러)도 가지고 다니지 않으며, 한 달이 지나도 이 돈을 다 쓸 일이 없다고 한다. 사람들은 이런 상황에 빠르게 적응해 갔다. 어떤 거지들은 행인들이 편하게 스캔해서 자기 계좌로 돈을 보낼 수 있도록 QR 코드를 제공하기도 한다. 만약 현금도, 카드도, 휴대폰도 없다면? 걱정

> ## • 현금을 가지고 다닐 것인가, 말 것인가 •
>
> 외국 신용카드나 현금카드 사용이 거절당하는 경우가 흔하기 때문에, 중국에서는 계좌와 연결되어 있는 알리페이나 위챗페이를 설치하는 것이 좋다. 최고급 레스토랑부터 과일 노점상까지 어디에서나 이런 플랫폼을 사용할 수 있으며 사람들도 현금이나 카드보다 이편을 더 선호하기도 한다. 애플페이도 점점 흔해지고 있긴 하지만 아직은 널리 사용되진 않는다.

할 것 없다. 이미 안면 인식 결제를 시험하고 있는 곳들도 있기 때문이다.

공원

공원은 아주 멋진 곳으로 여전히 중국의 큰 부분을 차지하는 공동체 의식의 진수가 살아있는 곳이다. 중국의 공원은 서양의 뻥 뚫린 녹색 공간보다 훨씬 더 양식화되어 있어, 나무는 그 수가 훨씬 적고 대신 부속 건물이나 바위가 많다. 은퇴한

노인들 중 많은 수가 하루 종일 공원에 시간을 보내며 담소를 나누고, 새장을 갖고 나와 바람을 쐬게 해 주고, 경극 음악을 연주하거나, 옛날 노래를 부른다. 볼륨댄스, 장기, 카드게임 또한 인기 있다. 어떤 공원에는 '중매 코너'가 있는데, 바로 미혼 자녀를 둔 노인들이 공개적으로 자신의 자녀를 홍보하는 장이다. 그들은 핵심적인 사항을 적은 '이력서'를 전시해 놓고, 혼담이 오갈 수 있는 다른 부모들과 서로 정보를 교환한다. '영어 코너'라는 곳도 있는데, 여기서는 중국 학생들이 서로 모여 영어를 연습하거나 때로는 네이티브 스피커의 도움을 받는다.

스포츠와 운동

동이 트자마자 밖에 나가면 줄지어 선 사람들이 조용히 아침
운동에 집중하는 모습을 볼 수 있을 것이다. 이들이 행하는
일련의 동작들은 느리지만 복잡한 무용의 일종인 태극권(타이
치추안) 또는 기공이다. 움직임과 호흡, 심상이 결합된 이 운동
은 몸 전체에 에너지가 잘 흐르도록 도와준다.

　중국에서는 어떤 스포츠든 선수나 관람객으로 참여할 수
있다. 어색한 분위기를 풀 때도 스포츠 이야기가 좋다. 대부분

의 중국인들은 스포츠에, 특히 중국이 잘 하는 농구, 수영, 육상, 체조, 배드민턴에 관심이 많다. 가장 인기 있는 스포츠는 값비싼 장비가 필요하지 않은 것들이다. 스키, 골프, 테니스의 인기도 점점 늘어나고는 있지만, 농구(정기적으로 열리는 경기만 약 3억 회)나 탁구 같은 스포츠를 하는 사람이 훨씬 더 많다. 2008년 베이징 올림픽이 개최되었을 때는 수백만 명의 사람들이 방문객을 돕겠다고, 몇몇은 영어를 공부하겠다고 자원했으며, 중국은 가장 많은 금메달을 따냈다.

【 유명 운동선수 】

중국 운동선수 중 가장 인기 있는 사람은 야오밍으로 10대 때 상하이 샤크스에서 농구를 시작하여 최종적으로 휴스턴 로켓츠에서 활약했다. 농구 선수인 부모 밑에 외동아들로 태어난 야오밍은 키가 2.29미터이며 출생 당시 체중이 5킬로그램이었다. 2011년 부상 때문에 은퇴를 할 수밖에 없었던 그는 멸종 위험에 빠진 야생동물을 위한 홍보 대사가 되었고, 야생 동물 보호를 위해 그리고 자신의 출신 팀인 상하이 샤크스를 돕기 위해 선수 시절 모았던 돈의 상당 부분 기부하기도 했다.

밤 문화

해가 지면 도시들은 또 다른 얼굴을 드러낸다. 대부분의 대도
시는 런던이나 파리와 맞먹는 수준의 클럽이나 바를 자랑한
다. 그중에서도 중국 밤 문화의 중심지, 최고봉은 상하이라고
할 수 있다. 상하이에는 최고 수준의 클럽, 바, 레스토랑이 있
으며, 이들 중에는 꾸준히 세계 랭킹에 이름을 올리는 것들도
있다. KTV라고 알려진 노래방 역시 매우 유명하다. 이곳에서
중국인들은 서로 어색함을 떨쳐버리고 음악에 대한 애정을 나
눈다. 이곳을 함께 가는 것은 중국인들이 결속을 다지는 가장
빠른 방법이며 또 가장 재미있다.

젊은 층들은 KTV 노래방에서 밤새 놀고 난 다음 예샤오,
즉 야식을 먹는 걸 굉장히 좋아한다. 밤중에 발 마사지를 가
는 것 역시 저렴하고 편안하여 매우 인기 있다. 작은 도시에
서는 유흥의 선택지가 제한될 수 있지만, 그래도 늦게까지 영
업하는 야외 바비큐 노점이나 KTV 노래방은 찾을 수 있을 것
이다.

음악

음악에 대한 중국인의 사랑은 수천 년 전으로 거슬러 올라간다. 그 최초의 악기 연주는 대나무대로 새소리를 흉내 냈던 것이라 전해진다. 공자는 음악이 문화의 중요한 부분이라고 생각했고, 세월이 흘러 여러 왕조가 교체되는 가운데 중국의 음악가들은 전통악기 쟁과 다른 아시아 국가에서 들여온 비파 같은 다양한 악기를 개발했다. 유럽 음악은 마테오리치가 하프시코드를 명나라 왕에게 가져가 네 명의 환관에게 그 연주법

전통 비파를 연주하는 모습

을 가르쳐주었던 1601년 처음 중국에 등장했다. 오늘날 중국에는 중국의 전통음악, 현대음악, 서구의 모든 음악이 다양하게 공존하고 있다.

【경극】

중국 가극은 지역에 따라 무척 다양한 변형이 있는데, 그중에서도 가장 많이 알려진 것은 진주, 즉 경극과 남동부 장수 지역에서 생겨난 쿤취(곤곡)이다. 중국 전통 극에는 음악과 노래뿐만 아니라 곡예, 검술, 권투도 포함되어 있다. 가수들은 화려

쓰촨 지역의 경극 모습

한 의상을 입고 굉장히 양식화된 화장을 한다. 대부분 노인층인 관객들은 이미 내용을 다 외우고 있어서, 종종 자리에서 일어나 공연장을 걸어 다니거나 시끄럽게 간식을 먹기도 한다. 종교 의식에 참여한 듯 엄숙한 서양의 오페라 관객과는 사뭇 행동이 다르다고 할 수 있다.

【 중국의 전통음악 】

중국 전통음악을 가장 많이 들을 수 있는 장소는 앞서 소개한 차관이지만, 전통음악에 대한 관심이 급증하면서 중국 대도시에서도 종종 전통음악 콘서트가 열리고 있다. 연주자는 당나라 시대 의상을 입고, 얇은 가성으로 악기 연주에 맞춰 유명한 시를 읊는다. 정부의 재정지원이 없다면 아마 곧 사라질 음악이고, 이런 음악을 가만히 앉아 집중해서 듣는다는 것이 결코 쉬운 일은 아니지만, 그래도 한 번 들어볼 만한 가치가 있다.

【 서양의 클래식 음악 】

중국은 전통적으로 근면성실을 중시하고 어느 분야든 경쟁이 치열하며, 완벽주의를 추구한다. 이런 환경 덕분에 뛰어난 클래식 음악가들이 많이 배출되었는데, 세계적으로 유명한 피아니스트 랑랑이 대표적이다. 기회가 된다면 이제 막 지어 번쩍번쩍 빛을 발하는 중국의 콘서트홀에서 서양보다 훨씬 저렴한 가격으로 클래식 콘서트를 관람해보라.

【 혁명가 】

문화대혁명 시기에는 오직 혁명가만 부를 수 있었고, 한때는 〈동녘이 붉게 타오른다〉와 같은 혁명가가 중국 본토의 음악을 정의하기도 했다. 하지만 지금 이 노래들은 마오쩌둥 얼굴이 그려진 기념품 전자 라이터에서 흘러나오거나, 공원에서 노인들이 부르는 것이 전부다. 노인들이 열정적으로 혁명가를 부르는 모습을 보면 이 노래가 의무였던 시절 그들이 겪어야 했던 고통을 완전히 잊은 듯 보인다.

【 현대음악: 팝, 록, 랩 】

중국 본토, 타이완 그리고 홍콩의 대중가요는 단연코 가장 인기 있는 장르이다. 중국에는 록과 랩 분야에도 진정한 보석을 많이 가지고 있다. 젊은이들은 서양의 동년배들과 같은 밴드와 가수의 노래를 많이 듣는다. 한국의 패션이나 TV 프로그램 같은 문화 수출품과 더불어 한국의 대중가요, 즉 케이팝 역시 젊은이들 사이에서 굉장히 인기가 좋다. 더불어 쿠고우와 큐큐 뮤직은 중국 아티스트를 발굴하기에 좋은 무료 음악 앱이다.

중국 전역에서는 다양한 음악 페스티벌이 열린다. 가장 인기 있고 장기간 운영된 페스티벌은 베이징에서 열리는 얼터너비브 록 위주의 '미디 페스티벌'이다. 그 외 특별히 언급할 만한 것은 '그레이트 월 페스티벌'로 인상적인 장소에서 전자음악을 연주한다. 베이징은 활기찬 인디음악, 완벽한 라이브 하우스로도 유명하며, 상하이는 중국과 해외 유명 스타들의 쇼를 보고 싶다면 꼭 가야할 곳이다. 하지만 라이브 퍼포먼스가 흔하고 가수들의 수준도 매우 높기 때문에, 더 작은 도시의 별 특징 없는 바에서도 진정한 원석 아티스트를 우연히 발견할 수 있다.

미술

[1949년 이전]

서구의 미술과는 확연히 다른 색깔의 중국 미술은 아마도 세계에서 가장 오래된 예술적 전통일 것이다. 화가와 서예가들은 붓에 먹 또는 채료를 묻혀 종이나 비단 위에 재빨리 그림을 그리거나 글씨를 썼다. 산, 강, 바위산 등의 풍경, 궁정 생활, 동물 등 그림의 소재는 다양하다. 가장 유명한 그림으로는 장택단의 〈청명상하도〉를 들 수 있다. 가로 5.5m, 세로 25cm의 긴 두루마리에 그린 이 그림은 당시 거리풍경과 가옥의 모습, 배, 다리, 시장 등 당시 도시 풍경을 세밀하게 묘사하고, 부유한 이들 혹은 가난한 이들의 일상을 아주 세세하게 그렸다. 그림 속에는 저마다 다른 옷을 입은 800명이 넘는 사람들이 생동감 넘치는 모습으로 그려져 있다. 베이징의 고궁박물관에 가면 그림을 그릴 당시의 채색이 살아 있는 이 그림을 볼 수 있다. 색이 아직도 바래지 않은 이유는 이런 두루마리 그림은 감아서 보관하다가 특별한 날에만 펼쳐서 봤기 때문이다.

【 1949년 이후 】

1949년 이래 화가들은 소련의 사회주의 리얼리즘을 모방할 것을 지시받았고, 일부는 마오쩌둥을 둘러싼 행복한 농민 그림 같은 특정 그림을 계속 찍어내라는 임무를 부여받기도 했다. 1950년대 후반에는 농민의 시골생활을 그린(혹은 이상화한) 거대

중국 선전 현대미술전시관

한 야외 벽화가 유행하기도 했다. 문화대혁명 시기에는 마오쩌둥이 주장한 '4대 악습철폐(낡은 풍습, 낡은 문화, 낡은 관습, 낡은 생각)'의 일환으로 홍위병들이 셀 수 없이 많은 소중한 예술작품을 고의로 훼손했다.

오늘날에는 화가들이 예전보다 자유롭게 혁신적인 예술활동을 펼치고 있지만 조심해야 할 부분이 아예 없는 것은 아니다. 화가 아이웨이웨이는 창의적인 작품으로 세계적인 명성을 얻었지만 거침없이 중국 정부를 비판해 수차례 심각한 위기에 처했다. 여기서 알 수 있듯이 중국 정부는 종교와 마찬가지로 예술활동도 자신들이 그어놓은 선 안에서만 이루어지도록 감시하고 있다.

2005년 이후 중국의 현대 미술은 전 세계 갤러리와 경매장에서 중대한 돌파구를 마련했다. 가장 인기 있는 작가로는 팡리쥔과 장샤오강이 있는데, 둘 다 독특한 초상화로 유명하다.

중국 미술은 오래된 것이나 최신 작품이나 할 것 없이 경매장에서 기록적인 가격을 달성했다. 요즘엔 베이징 798 예술구나 상하이 모간산로 예술인 단지처럼 현대 예술을 위한 장소가 마련되어 지역 작가와 미술 애호가들을 모으고 있다. 두 군데 모두 오래된 공장 단지를 활용했다.

07

여행 이모저모

혼자 여행하든 단체로 여행하든 중국 여행은 비교적 안전한 편이다. 사람들이 당신을 빤히 쳐다볼 수는 있겠지만 돈을 훔치거나 폭행하지는 않을 것이다. 도움을 요청하면 기꺼이 당신을 도와줄 것 이고, 당신이 말없이 가만히 있는 경우에는 당신을 방해하지 않을 것이다.

여행

중국의 지도자들은 화물과 사람의 이동을 늘 중요하게 생각해, 일찍이 기원전 5세기경 베이징과 항저우를 잇는 대운하 건설에 착수했다. 그 길이가 총 1,176km에 달하는 이 대운하는 여전히 세계에서 가장 긴 물길이다. 10세기경에는 수위차가 있는 수로에서 수위를 조정하는 갑문체계를 개발했다. 중국 안에서 여행하는 인구는 항상 많기 때문에 중국 내 이동은 다소 어려운 것이 사실이지만, 지난 수십 년 동안 중국은 교통시설 구축에 거액의 예산을 투자해 현대적인 공항, 기차역, 도로를 건설했다.

기차나 버스, 비행기는 모두 상당히 안전한 편이며 가격도 합리적이지만 가장 힘든 것은 표를 구하는 것이다. 버스 터미널이나 기차역의 매표소는 사람들로 인산인해를 이루고, 새치기가 만연한다. 이런 상황에서는 당신이 외국인이라는 사실은 전혀 도움이 되지 않는다. 그나마 다행인 것은 이제 인터넷에서 사전에 비행기, 기차, 버스표를 구매하거나 여행사를 통해 대리구매할 수 있게 되었다는 것이다. 고통을 즐기는 게 아니라면, 엄청난 인구가 대규모로 이동하는 공휴일에는 여행하지 마라!

혼자 여행하든 단체로 여행하든 중국 여행은 비교적 안전한 편이다. 사람들이 당신을 빤히 쳐다볼 수는 있겠지만 돈을 훔치거나 폭행하지는 않을 것이다. 도움을 요청하면 기꺼이 당신을 도와줄 것이고, 당신이 말없이 가만히 있는 경우에는 당신을 방해하지 않을 것이다. 보통은 학생이나 교사, 사업가 같은 사람들이 영어를 연습하고 싶어서 혹은 단순히 당신을 돕고 싶어서 발 벗고 나서서 당신을 도와줄 것이다.

여행지 둘러보기

【 걷기 】

거리의 많은 사람들과 자동차 때문에 걸어서 여행지를 둘러보는 것은 조금 힘들 수 있어도, 한순간도 따분할 새는 없을 것이다. 중국의 거리는 양말부터 불법복제 CD, 휴대전화 용품을 판매하는 다양한 노점과 거리를 누비는 수많은 보행자들로 늘 붐빈다. 음식을 팔거나 자전거나 차량을 수리하는 가판이 거리에 즐비하고, 대형 디자이너 아웃렛이 늘어뜨린 거대한 그림자 밑으로는 금방이라도 무너질 것 같은 허름한 가게들이 옹기종기 모여 있다.

산과 대나무 숲이 펼쳐져 있는 중국의 서남부는 걸어서 여행하는 것이 가장 좋다. 보행로가 잘 표시되어 있어 길 잃을 위험을 걱정하지 않아도 되고, 걷다 보면 오래된 불교사원과 하룻밤 묵어갈 수 있는 여관을 만날 수 있을 것이다.

【 자전거, 자동차, 인력거 】

중국의 전 인구가 자전거를 타고 출퇴근하고 등하교했던 30년 전에는 중국 전역에 자전거 벨소리가 울려 퍼졌다. 하지만 이제는 귀에 거슬리는 자동차 엔진과 경적소리가 그 자리를 대신하고 있다. 나라의 경제가 나아지고 사람들이 부유해지자 자가용을 소유한 사람들이 크게 늘었기 때문이다. 오늘날 도로에는 1억 8,500만 대가 넘는 자가용이 있다. 공해 원인이었던 오토바이는 수많은 도시에서 금지되고, 대부분 전기 자전거와 스쿠터로 대체되었다. 자전거는 저렴하고 빠르며 편리해서 최근까지 중국 정부에서 용인해줬다. 전기 자동차에 대한 사용은 규제가 강화되고 있으며, 시속 25km로 제한된다. 베이징과 같은 일부 도시에서는 시속 15km로 더 낮추고 있다. 거

리를 걸을 때는 통근자들과 배달 기사들이 빨간불을 켜고 보도를 자주 가로막으니 주의해야 한다.

아직도 가난한 지역에서는 여전히 자전거와 삼륜차, 집에서 만든 트레일러를 매달고 아슬아슬하게 짐을 쌓은 구식 트랙터를 주로 탄다. 사람들은 아픈 가족을 병원에 데려다줘야 할 때, 동물을 실어 날라야 할 때, 먼 시장에 내다 팔 물건들을 위태롭게 쌓아 날라야 할 때, 모두 자전거와 삼륜차, 트랙터를 사용한다.

최근 몇 년 간 극적인 감소 추세에 있기는 하지만 공유 자전거 역시 여전히 인기가 높다. 신생 기업들이 라이더나 구역을 두고 경쟁을 한 탓에 보도에 멈춰 선 자전거들이 넘쳐나기는 했으나, 공유 자전거 절정기 최고의 승자는 단연 모바이크다. 모바이크의 주황색 자전거는 어디에서나 볼 수 있고, 앱이 있으면 가장 가까운 곳에 있는 자전거를 찾아준다. 약간의 보증금을 등록하면, QR 코드 스캔을 통해 거치대가 따로 없는 자전거의 잠금 장치를 풀 수 있고, 어디든 갈 수 있다. 자동차 렌트도 가능하지만 중국은 국제 면허증이나 외국 면허증을 인정하지 않기 때문에 운전사가 따로 필요할 것이다. 중국 면허증 획득이 가능은 하지만, 시간과 인내력이 꽤나 많이 소모된다.

오염과의 전쟁의 일환으로 노후 자동차가 강제로 폐기되어 어마어마하게 넓은 고철 처리장에 녹슨 채로 방치되어 있다. 현재는 정부의 인센티브와 특혜 정책 덕분에 중국은 현재 세계에서 가장 큰 전기 자동차 생산국이자 소비국이 되었다. 2018년 중국에서 판매된 전기 자동차가 중국을 제외한 전 세계의 자동차보다 더 많았다.

【공공교통수단】

베이징과 상하이는 사용하기 편리하고 저렴하며 믿을 수 있는 지하철 시스템을 갖추고 있다. 베이징이 세상에서 가장 바쁜 도시라면, 점점 규모가 커져가는 상하이는 이미 세계에서 가장 긴 지하철을 보유하고 있다.

도심 버스도 매우 저렴한 가격에 이용할 수 있지만, 저렴한

만큼 늘 사람들로 붐빈다는 점을 염두에 두자. 대도시의 도심 버스는 하차 정거장을 안내해주는 전자화면 등 현대적인 장비를 잘 갖추고 있다. 버스는 타는 것도 힘들고 내리는 것은 더 힘들지만, 당신이 중국어 또는 영어로 "실례합니다!" 하고 말한다면 사람들은 웃으면서 당신이 내릴 수 있도록 길을 터줄 것이다.

【 택시 】

중국에서는 길에서 쉽게 택시를 부를 수 있다. 요금은 엄격하게 미터기로 계산하지만 운전사가 미터기를 켜는지 확인할 필요는 있다. 영어를 할 줄 아는 운전사는 거의 없기 때문에 운전사에게 보여줄 수 있게 목적지를 중국어로 적어줄 사람이 있으면 좋을 것이다. 서비스는 친절하지 못할 수 있으며, 차도 구식이거나 종종 세차가 필요해 보이는 경우도 있다. 승차호출 앱이 있으면 한결 쾌적한 택시를 이용할 수 있다. 가장 유명한 것은 우버 차이나를 인수한 디디추싱으로, 영어 옵션이 가능하다. 대도시 밖에서는 인력거가 즐거운 여행의 방법이 될 수 있으나 요금을 선불로 지급해야 한다.

【 장애인 전용시설 】

장애가 있는 방문객을 위한 시설은 여전히 미비하지만, 그래도 장애인을 대하는 태도는 좋아지고 있다. 덩샤오핑의 아들 덩푸팡은 권력 다툼이 치열했던 문화대혁명 시절, 창문에서 떨어져 하반신이 마비된 이후 자신의 일생을 장애인을 위한 운동에 바쳤다. 하지만 아직도 갈 길은 멀다. 장애인의 공공교통수단 이용은 여전히 어렵고, 울퉁불퉁한 데다 휠체어 전용

경사로가 없는 길들이 많은 것은 물론, 장애인 전용 화장실도 찾아보기 힘든 실정이기 때문이다. 장애인을 위한 중국 여행 상담 사이트들이 많이 운영되고 있으니 떠나기 전에 상담해 보자.

.

도시 간 이동

【비행기 여행】

중국 내에서의 비행기 여행은 매우 안전하다. 항공사들은 입이 쩍 벌어질 정도의 속도로 항공편을 늘리고 있으며 항공기도 대부분 새것들이다. 국내선과 국제선 항공편을 모두 제공하는 주요 항공사는 아시아 최대 항공사인 중국남방항공, 중국동방항공 그리고 에어차이나이지만, 작은 규모의 항공사 역시 매우 많으며 모두 적절한 서비스를 제공한다. 항공 네트워크는 광범위하며 공항 역시 정기적으로 업그레이드되고 있다. 온라인(영어로 되어있는 웹사이트)에서 간단하게 항공권을 구입할 수 있으며, 항공사 간 경쟁이 치열해 지면서 싼 가격에 표를 구매할 기회도 많아졌다. 국내 비행기 여행과 관련한 가장 큰 문제는 항공사와 관계없이 연착이 너무 잦다는 것이다. 중국의 영공은 대체로 군에 의해 통제되고 있기 때문에 민간 항공을 위해 개방된 곳이 매우 적다. 이런 상황에서 주요 공항을 오가는 항공기가 크게 늘다보니 비행경로가 혼잡해질 수밖에 없다.

【기차 여행】

중국의 고속 열차망은 단연코 세계에서 가장 규모가 크며 놀라운 속도로 성장을 이어가고 있다. 사실상 연착이나 취소가 거의 없고 티켓 가격도 적당하기 때문에 고속 열차는 도시 간 여행에서 가장 선호도가 높은 이동 방법이 되고 있다. 에어컨이 나오는 고급 열차를 타고 상하이에서 베이징까지(1,200km) 4시간 반, 베이징에서 톈진까지(114km) 30분이면 갈 수 있고 2~15분마다 열차가 출발한다. 이 고속 열차는 철도 회사에 따라 'D' 또는 'G' 등으로 구분된다. 혹시 느리고 불편한 기차를 타보고 싶다면, 혹은 타야만 한다면 외진 지역에서 'K' 열차를 찾으면 된다. 중국은 세계에서 가장 빠른 열차로도 유명한데, 상하이 마그레브는 상하이에서 푸동 공항까지 시속 410km라는 아찔한 속도로 운행된다.

기차를 이용할 때는 미리 예약을 하고, 온 나라가 이동하는 설이나 10월의 국경일에는 여행을 삼가는 것이 좋다. 충분한 공간을 즐기면서 시끄러운 승객을 피하고 싶다면 1등석을 예약하는 걸 추천한다. 비즈니스 클래스는 가죽 시트가 침대 크기로 펼쳐지기도 한다. 보안 검사를 할 수도 있고 줄이 길 수도 있으므로 역에는 일찍 도착하라. 중국인들은 역에 있는 기계에서 온라인으로 산 티켓을 출력하면 되지만, 외국인들은 서비스 카운터에 가서 여권과 예약번호를 제시해야 티켓을 받을 수 있다.

2019년 기준으로 쓰촨의 아름다운 산악 지대나 멀리 떨어진 소도시 몇 곳에서는 아직도 증기 기관차가 작동하는 것을 볼 수 있지만, 언제까지 운행될 지는 알 수 없다. 베이징 외곽에는 아주 멋진 철도 박물관이 있다.

【버스 여행】

장거리 버스 여행이 상당히 발전하였기에 가까운 도시 간 여행에는 버스가 인기가 많다. 티켓은 온라인에서나 티켓 판매점을 통해 살 수 있다. 버스 안에 비디오와 음악 기기가 구비되어 있지만 화장실이 딸려 있는 경우는 거의 없고, 휴게소가 적으며 그 간격도 멀다. 하지만 버스 여행에는 장점이 있다. 중국에 오래 거주했던 소설가 니콜라스 리처드는 '더 차이나 디스패치'에 이렇게 썼다. "버스 여행은 아주 멋지고 느긋하며 웬만한 외국인은 경험하기 힘든 중국의 맛을 느끼게 해 준다. 커다란 창으로 보이는 감미로운 시골의 풍경은 손만 뻗으면 닿을 수 있을 것 같고, 쓰촨의 초원이나 윈난의 버섯 밭처럼 기차와 비행기로는 갈 수 없는 곳까지 접근을 허락한다. 무엇보다 가장 좋은 건 그 주변에서 유일한 와이구오런(외국인)이라는 점이다."

【배편】

양쯔강 4일 럭셔리 크루즈부터 하이난 섬, 홍콩, 상하이 등지에서 현지인들과 잠깐 페리를 타고 이동하는 것까지, 배 타는 것을 좋아하는 사람이라면 중국에서 다양한 배를 경험해볼 수 있다. 배를 타고 하는 여행에 대해 더 많은 정보를 줄 민간 여행사가 많이 있으니 문의해보자. 비행기나 기차에 비해 페리

홍콩 항구

회사의 영어 홈페이지 구축은 느린 편이라는 점을 기억하라.

규칙 및 규정

【비자】

중국은 대한민국과 비자면제협정을 체결하지 않은 나라이다.
또한 비자 관련 정책도 자주 바뀐다. 출국 전 반드시 확인하고
발급받아야 한다.

【 티베트 】

티베트를 여행하려는 외국인은 반드시 티베트 관광청이나 그 해외지사에서 여행 허가를 받아야 한다. 티베트로 넘어가려면 육로를 이용하는 것이 좋다. 비행기를 탈 경우 고산병에 걸려 티베트 여행이 허용된 4일 중 3일을 침대에서 보내야 할지도 모른다. 해발 3650m에 위치한 라싸의 희박한 공기에 우리 몸이 적응하기까지는 일정 시간이 걸리기 때문이다. 혼자 티벳을 여행하는 것 역시 금지되어 있다. 그룹 여행에 끼거나 하다 못해 운전기사가 딸려 있는 차를 렌트해야 한다.

【 법률 준수 】

관광비자 소지자는 반드시 외국인 방문객을 위한 지정 입국관리소에서 입국심사를 통과해야 한다. 국경지대의 일부 지역은 통행금지구역으로 지정되어 있으며, 길을 잃는 바람에 이 지역에 발을 잘못 들였던 여행자들은 구속되거나 추방된 전례가 있으니 주의하자. 일반 관광비자로 중국에 입국한 외국인은 학업, 취업, 보도 등 비자에 맞지 않는 활동에 참여해서는 안 된다. 특히 중국 정부는 관광객을 가장한 언론인에 매우 민감하게 반응한다는 사실을 기억하자. 아시아 다른 나라와 마찬가지로 중국도 마약 금지법이 매우 엄격하며 사형을 포함한 중형을 집행되고 있다.

【사진 찍기】

중국인들도 셀피를 많이 찍기 때문에 관광지 앞에서 사진을 찍어도 눈에 띄지 않고 군중에 묻힐 것이다. 하지만 정부 청사를 지키는 군인의 사진을 찍으려 하거나, 공항, 선착장, 국경 초소 등 전략적으로 여겨질 수 있는 장소의 사진을 찍는 것은 주의해야 한다.

보건

중국의 의료 서비스는 개인이 치료비를 다 내든지 나라에서 비용을 보충해주는 건강 보험에 가입하든지 해야 한다. 대도시에는 국제적인 수준의 개인 병원과 트리플 A 등급의 공공 병원이 모두 있어서는 최고의 의료 서비스가 가능하다. 재정적 이익을 위해 환자의 병을 고의로 오진한 수많은 사건들이 공개되면서 개인 병원의 명성은 심각하게 타격을 받았지만 다시 그 명성을 회복해가는 중이다. 국제 개인 병원은 뛰어난 서비스를 제공하나 비용이 공공 병원보다 열 배 이상 비쌀 때가 있다. 트리플 A 등급 공공 병원은 최고의 의료진을 고용하기에, 그들의 자격이나 경험은 의심의 여지가 없다. 그러나 환자를 대하는 태도는 아쉬운 점이 많은 경우가 있다. 병원은 늘 환자로 넘쳐나기 때문에 의사들은 환자 한 명에게 2-3분밖에 할애하지 못하며 세세한 설명을 해주지 못한다. 중국 전역에 의사가 극도로 부족하기 때문에 지역 보건의 1명 당 거의 6,600명의 환자를 책임져야 한다.

도시와 지방 간 의료 공급 격차가 점점 커지자 정부는 문제를 해결하려고 노력하고 있다. 2005년부터는 약 8억 명의 시골 인구가 정부의 보조금 덕분에 절반의 비용으로 기본적인 의료 혜택을 받을 수 있게 되었다. 또 전체 인구의 약 95퍼센트는 기본 건강 보험을 가지고 있다. 하지만 아직도 시골 지역의 의료 서비스는 일정 수준에 미치지 못하는 편이다. 그나마 나은 지역도 있겠지만 제대로 훈련 받지 못한 의료인이 많고 장비나 약도 부족하기 때문이다.

중국에서 병이 나면 보험 업체에 전화를 걸어 가장 가까운 국제 병원을 안내 받는다. 하지만 보험이 제한되어 있거나 아예 없으면, 택시를 타고 가장 가까운 공공 병원으로 가서(주소는 온라인에 영어로 나와 있다) 소위 VIP 부서, 즉 귀빈부에서 치료를 받고 싶다고 요청한다. 대부분의 VIP 부서에는 영어를 쓰는 의사와 간호사가 있으며 약간 비용이 높지만, 서양 표준에 비해서는 여전히 싼 편이다. 공공 병원에서 다른 중국인들과 함께 평범하게 치료를 받는 방법도 있다. 오래 기다려야 할 수도 있지만 의사들은 자격을 갖추고 있으며 젊은 의사들은 영어도 할 줄 알기 때문에 훨씬 저렴하게 치료를 받을 수 있다.

제공되는 의료 서비스의 질에 완전히 확신할 수 있는 경우가 아니라면 치과, 성형외과, 그 외 개인 클리닉에 가는 것은 추천하지 않는다.

【대기의질】

도시, 특히 북부의 경우 대기 질에 신경을 쓰는 것이 좋다. 어린이나 노인과 함께 여행 중이라면 더더욱 그러하다. 대부분의 뉴스에서 대기 상황에 대한 정보를 제공하고는 있지만 '에어 매터스' 같은 믿을만한 앱을 사용하는 것도 좋다. 오염도는 시시각각 변할 수 있으며, 오염도가 높을 때는 야외 활동에 제한을 두어야 한다. 필터가 달린 마스크가 흔하며 대부분의 편

· 예방접종 ·

많은 건 아니지만 중국 방문 전 맞아두면 좋은 몇 가지 접종이 있다. 먼저 B형 간염 접종이다. 세계 B형 간염의 1/3이 중국에서 발병하고 있을 정도로 중국의 B형 간염 유병률은 높은 편이니 예방백신을 접종하도록 하자. 일부 지역에서는 일본뇌염 예방접종이 권유되기도 한다. 도시지역에서는 거의 볼 수 없지만 대도시만 벗어나면 광견병의 위험이 아직도 도사리고 있으니 접종을 고려하자. 먼저 인터넷에서 예방접종 목록을 확인하도록 하고, 일부 접종의 경우 면역이 생기기까지 시간이 걸리므로 여행을 떠나기 2개월 전에는 필요한 접종을 모두 끝내는 것이 좋다.

의점에서 구매할 수 있다.

위생과 개인 안전

여행 중에 비위생적인 젓가락, 커틀러리, 컵을 사용했다가 B형 간염에 걸리는 걸 방지하고 싶다면 개인 물품을 가지고 다니

자. 작은 식당에서는 손님이 앉자마자 식기를 뜨거운 물이나 차로 헹궈서 내놓는다. 중국 음식은 높은 온도에서 빠르게 조리되기 때문에 즉석에서 먹었을 때 음식이 상할 위험은 다행히도 매우 적다. 하지만 깨끗하지 않은 물로 씻은 지저분한 조리 도구가 위험할 수 있다. 음식을 서로 나눠 먹는 문화 때문에 헬리코박터 파일로리균 감염에 노출될 수 있으나, 여럿이 먹을 때는 서빙 스푼과 서빙 젓가락을 사용하는 것으로 예방할 수 있다. 자동차 사고가 점점 늘어나고 있으니 조심하고, 방범의 이유로 화재 비상구를 닫아두는 경우가 종종 있으니 비상구도 잘 확인하자.

중국은 전반적으로 매우 안전하나, 본국에 있을 때만큼의 주의는 기울여야 한다. 특히 지하철처럼 사람이 붐비는 곳에서는 소매치기를 조심하라. 종종 아이가 실종되는 사고가 발생하기도 하니, 어린 아이에게서 눈을 떼면 안 된다. 주로 주의해야 할 것은 사기이다. 예를 들어 베이징이나 상하이의 거리에서 아름다운 젊은 여성들이 속이기 쉬운 외국인 남자에게 접근하는 경우가 있다. 그들은 같이 사진을 찍고 바에 가서 술을 먹자고 한 뒤 사라진다. 그리고 나서 남자에게 돌아오는 것은 어마어마한 요금이나 폭력적인 협박이다. 중국의 사기꾼들

• 미리 준비하기 •

- 충분한 여행 보험 없이는 중국 여행을 생각도 하지 말라. 병원에 갈 때는 여권과 보험 세부 사항을 꼭 지참해야 한다. 대부분의 지역 병원에서는 해외 보험사에 곧바로 청구 승낙을 해주지 않을 것이므로, 일단 먼저 비용을 지불하고 나중에 보험사에 돈을 청구하면 된다. 많은 병원에서 해외 카드를 받지 않을 수 있으니 위챗이나 알리페이를 미리 깔아두거나 현금을 준비하자.

- 평판이 좋은 공공 병원이나 국제 클리닉에서 제공하는 약은 믿을 수 있으며 안전하다. 다른 곳에서 파는 약은 가짜이거나, 보관이 잘못 되었거나, 유통기한이 지났을 수 있으니, 필요할지 모르는 약은 미리 챙겨가는 것이 좋다.

- 평판이 좋은 병원이나 대도시 밖에서는 피하 주사기를 여러 번 사용할 수 있다. 주사를 맞아야 한다면 살균한 새 바늘을 가지고 다니자.

- 여분의 안경과 안경처방전을 챙기자.

- 의료비용과 관련된 모든 문서를 보관하자.

은 그 창의성으로 유명하다. 누군가 불편하게 느껴진다면 직감을 믿어라. 사기에 비해 강력 범죄는 드물며, 대부분의 중국인들은 당신을 자기 나라에 온 손님으로 대할 것이니 스스로의 안전을 위해 개인적인 책임을 다하도록 하자. 잘못이 생겼을 경우에는 가까운 경찰서에 가서 알린다. 만약 여권을 분실했다면 경찰이 '분실신고증명서'를 발부해줄 것이다. 본국으로 돌아갈 때 꼭 필요한 서류이다. 중대한 사고가 발생했거나 가족이나 친구가 갑작스레 사망했을 경우에는 대사관에서 도움을 줄 수 있다.

08

비즈니스 현황

중국 사람들은 시간 약속 지키는 것을 아주 중요하게 생각한다. 하지만 자칫 당신이 거래를 성사시키고 싶어 안달이 난 것 같은 인상을 줄 수 있으니, 계속해서 시계를 들여다보는 행동은 피하도록 하라.

중국 경제 개관

상하이 동남쪽의 아름다운 항저우 구시가지에 위치한 절상浙商 박물관에 방문하는 외국인은 거의 없지만, 그곳에 가면 21세기 중국 영웅들의 초상화 전시를 볼 수 있다. 군인도, 과학자도, 혁명가도 아닌 이 영웅들은 다름 아닌 성공적인 사업가들이다. 스웨덴 볼보를 인수한 중국 자동차업계의 신화, 지리자동차그룹의 창업주 리슈푸 회장의 사진이 거기 걸려 있고, 그 옆에는 통신업체 화웨이를 세운 런정페이의 사진이, 그 옆에는 유명 온라인 쇼핑몰 알리바바의 창업주 마윈의 사진이 걸려 있다. 현대의 성공적인 사업가뿐 아니라 2500년 전 저장성에서 활약한 거상 판리와 9세기 중국인으로는 최초로 일본과 교역한 것으로 알려져 있는 리린더의 초상화도 전시해 경의를 표했다. 저장성은 천연자원도, 비옥한 토지도 없었기 때문에 토착민들은 상업이라는 살길을 찾았던 것이다.

저장성의 뒤를 따라 다른 지역들도 상업의 길을 택했다. 그리고 중국은 놀라운 경제 성장을 기록했다. 약 8억 명의 사람들이 심각한 가난에서 벗어났다. 세계에서 가장 큰 인터넷 회사를 비롯해 약 6천 만 명의 개인 사업자가 등록을 한 상태다.

마윈의 회사 알리바바는 이베이와 아마존을 합친 것보다 많이 판다. 중국에는 억만장자가 300명 이상이며, 글로벌 컨설팅 회사인 맥킨지는 2022년 중국의 중상층(연간 소득이 15,000달러에서 34,000달러 사이)이 5억 5천만 명이 넘어서 도시 가정의 75퍼센트를 차지할 거라고 추산한다. 2010년에는 겨우 8퍼센트에 지나지 않았는데 말이다.

중국에서의 사업은 점점 더 쉬워지고 있다. 세계은행의 2020 기업환경평가에 따르면 190개 국가중 중국이 31위를 차지했다. 이는 2015년 90위에서 굉장히 개선된 수치이다. 당국은 복잡한 절차를 줄이고 사업 관련 절차를 간소화하기 위해 애써오고 있다.

정치적 개입 역시 어쩔 수 없는 현실이다. 중국 회사법 19조에 따르면 일정 규모 이상의 모든 회사는 공기업이든 사기업이든 관계없이 정당 조직을 설치해야 한다. 하버드 경영대학원 윌리엄 커비 교수는 '중국의 기적'을 '당이 설치해 둔 장벽을 피해 일함으로써, 경제적 번영을 위해 직접 문을 열고 다른 수단을 찾은' 중국인들 덕분이라고 요약한다.

시진핑 정부는 인프라에 대한 국가 투자에서부터 벗어나 소비와 서비스 부문에 의한 성장 쪽으로 이동하기 위해 애써

왔다. 이러한 노력은 경기 둔화와 미국-중국 간 무역전쟁으로 인해 복잡해졌다. 2018년 2월 양국은 서로의 수입품에 몇 차례 관세를 부과했던 것이다.

이러한 어려움에도 불구하고 중국은 여전히 세계에서 가장 경제 성장이 빠른 나라이다. 예상했던 대로 2019년 GDP 성장은 6.1퍼센트였고, 이는 세계에서 가장 경제 성장이 빠른 국가 톱 20위에 들기에 충분한 수치였다. 2020년 코로나바이러스 팬데믹 때문에 1분기 GDP는 가파르게 감소했지만 이후 점진적인 회복으로 자신감을 되찾았다.

향후 10년

인프라 투자는 감소했을지 몰라도 서비스 부문의 투자는 대폭 증가하고 있다. 교육, 엔터테인먼트, 보건, 미용에 이르기까지 서비스 부문에 대한 중산층의 기대치가 높아지고 있고, 중국 국내기업은 물론 외국기업들도 이 시장에 뛰어들고 있다. 영국 기반의 수출협회에 따르면 "과거 소비자들은 브랜드 위주로 제품을 구매했지만 이제는 제품 품질, 독특한 디자인, 개성, 여가 경험, 개인의 이익을 바탕으로 제품을 구매하는 방향으로 소비의 전환이 천천히 이루어지고 있다"고 한다. 이러한 변화는 새로운 사업 기회를 가져왔다. 중영경영인협의체^{China.Britain} Business Council의 홈페이지에 등록된 중국 회사 중에는 소비자들이 믿을 수 있는 유아식, 과자, 미용 용품 등 고품질의 안전한 제품을 수입하려는 중국 업체들과 음악 제작 및 스포츠 투어 분야에서 외국기업과 협력하려는 중국기업들을 쉽게 찾아볼 수 있다.

비즈니스 의례

외국인을 상대하는 중국인은 잠재적인 비즈니스 파트너로서 중국이 가지고 있는 매력을 매우 잘 알고 있고, 기술과 가격, 세계시장에 대해 아는 것도 매우 많다. 당신이 앞으로 중국과 사업을 진행한다면 모든 일은 중국 업체가 원하는 속도에 따라 진행될 것이고, 이 모든 것이 당신에게는 너무나 느리게만 느껴질 것이다. 안타까운 것은 속도를 높이기 위해 당신이 할 수 있는 일은 거의 없다는 것이다.

【중국 방문】

사업차 중국을 방문하는 경우 보통 방문할 중국 회사가 당신의 방문을 책임지고 준비해줄 것이다. 중국에 오면 회사 대표의 환대를 받으며 파트너 회사와 만나는 것을 시작으로 그들의 환송을 받으며, 회사를 나설 때까지 회사 측에서 당신을 잘 돌봐줄 것이다.

【실무진 vs 상급자】

중국인들은 지위에 민감하고, 전통적인 조직(보통은 국영기업)일수록 최연장자를 제일 먼저 소개한다. 최연장자는 회장같이 명예로워 보이지만 모호한 직함을 가지고 있는 경우가 많다. 하지만 당신이 실제 협상을 하게 될 실무진은 나이든 상급자가 아니라 외국인을 편하게 대하는 젊은 직원일 확률이 높다. 담당자를 정확히 파악하는 일은 쉽지 않지만 중요한 일이다. 당신에게 배정된 통역사나 도우미가 조직 내 계층이 어떻게 기능하는지 알려줄 것이니 귀 기울여 듣도록 하자.

【인사하기】

만나는 모든 사람과 악수하라. 여성에게 양보하는 관습은 없다. 중국인들은 새로운 사람을 만났을 때 고개를 살짝 숙인다.

【명함】

사업상 회의에서 제일 먼저 일어나는 일은 바로 참석자들이 서로 명함을 교환하는 것이다. 누군가 당신에게 명함을 건넨다면 흘끗 보고 한쪽에 치워둘 것이 아니라 그 자리에서 명함을 꼼꼼히 읽는 게 좋다. 뒷면에 당신의 이름과 회사 이름, 직함을 중국식으로 쓴 명함을 한 꾸러미 들고 다니는 것도 좋은 생각이다.

【복장】

은행이나 국유기업은 정장과 넥타이가 표준이지만, 그 외에는 단정한 캐주얼 복장이 어디에도 어울린다. 여성은 옷에 있어서 남성보다 더 규칙이 없는 편이지만 단정한 캐주얼이라는 제한을 넘지 않는 것이 좋다. 대체로 드레스코드는 속해있는 분야에 따라 달라지며, 의외로 직위가 더 높을수록 복장은 더 캐주얼해진다. 공식 연회에서는 더 격식을 차린 옷이 필요하므로, 좀 더 세련된 옷을 준비하거나 현지에서 쇼핑을 하도록 하자.

【 시간 약속 】

중국에서는 시간 엄수를 매우 중요하게 여기므로, 미팅 5~10분 전에 도착하는 것이 좋다. 특히 상대 중국인들 중에 연장자가 있을 경우에는, 약속에 늦는 것이 체면 문제로 이어질 수 있다. 무슨 이유로든 지각을 하게 된다면, 가능한 한 빨리 약속에 늦을 거라는 사실을 상대에게 알려야만 한다.

【 비즈니스 우먼 】

중국 사람은 남성과 여성을 동등하게 대우한다. 사업상 중국을 방문했던 외국 여성들은 그들의 사업 파트너였던 중국 남성이 자신을 차별 없이 인정해줬다고 입을 모아 말한다. 중국 사람들은 연회에서 여성이 축배에 화답하거나, 협상에서 여성이 주도권을 잡는 것도 당연하게 생각한다.

협상하기

【 미팅과 프레젠테이션 】

중국의 미팅은 천천히 시작하는 경향이 있다. 특히 첫 미팅은 서로 상대에 대해 파악하고 협력적인 관계를 구축하는 데에 이용된다. 분위기를 풀 목적으로 이용할 수 있는 대화거리로는 다음과 같은 것들이 있다. 중국에서 지내면서 겪었던 긍정적인 경험이나 관찰 내용 나누기, 지금 지내고 있는 곳에 대한 설명이나 개인적인 관심사 말하기, 상대의 고향에 대해 질문하기(대답에 귀 기울이는 것도 잊지 말자), 중국 음식에 대한 칭찬과 가장 좋아하는 음식 말하기. 본국에 대한 이야기나, 취미, 자녀 이야기도 어색한 분위기를 풀고 친근함을 쌓기 좋은 이야깃거리이다. 중국어를 몇 마디 시도하는 것도 좋다.

프레젠테이션은 중국어와 영어로 진행되며 통역 시간이 허락된다. 직접 통역사를 데리고 가거나 중국어 회화가 가능한 믿을만한 파트너와 동행하라. 먼저 프레젠테이션에 필요한 장비들이 모두 사용가능한지 사전에 확인을 해야 한다. 회의 중에 묘안을 생각해내기보다 미리 충분한 시간을 거친 뒤 명확한 목표를 가지고 미팅에 참석하라. 중국인 중 가장 연장자가 주로 나서서 말을 하게 되며, 말하는 중간에 끼어드는 것은 무례한 행동으로 간주된다. 좀 더 현대적이고 진취적인 회사의 경우는 미팅도 좀 덜 형식적이고, 서양의 경우처럼 의견 주고받기가 더 활발하게 이루어질 수도 있다. (숨어서 하는 것은 흔하지

^{만)} 회의 안건을 서면으로 기록하는 일은 거의 없으며, 모든 것이 서양 경영진들이 생각하는 것보다 훨씬 천천히 진행될 것이다.

【 완곡한 표현법 】

중국 사람은 상대가 자신의 부탁을 직설적으로 거절하면 당황스러워할 것이며, 그것을 질문이나 웃음으로 모면하려 한다. 당신의 부탁을 수락하기 전에 상사와 상의하거나 동의를 얻어야 할 수도 있으니, 참을성을 발휘해 조용히 기다리는 게 최선이다.

【 뇌물 】

안타깝게도 수수료(≒뇌물)를 요구하는 관행이 만연하다. 뇌물은 위험한 게임일 뿐 아니라 중국 정부가 반부패운동에 한창이므로 당신이 원하는 것을 쟁취하는 데 별로 도움이 되지 않을 것이다. 외국 회사 역시 반부패운동의 대상이 되었고, 제약회사 계의 거물인 GSK 같은 경우에도 뇌물 수수 혐의로 5억 달러에 가까운 벌금을 부과받았다.

【 결과 】

서양인들은 미팅 후 바로 결과를 기대하는 경향이 있다. 하지만 중국인들에게 미팅은 사람들끼리 서로를 알아가고, 관계를 쌓아가며, 사전에 결정된 협상 입장을 진술하는 기회의 장이다. 협상을 할 때는 맨 처음 제시하는 액수와 기꺼이 수용 가능한 액수 사이에 여지를 남겨두어야만 한다. 상대 중국인들은 코너로 몰린다는 느낌을 받으면 체면이 손상된다고 여길 것이므로, 목표는 어떤 거래든 서로 윈윈 한다고 느끼게 하는 것이다.

【 최종 결정은 최종이 아니다 】

계약서에 서명하기까지는 실로 오랜 시간이 걸릴 뿐만 아니라, 중국 회사는 계약서에 서명한 이후에도 조항 변경을 요구해올 수 있다. 거래의 속도를 높이고 싶다면 계약서를 중국어로 번역하라. 중국인들은 빠른 거래보다는 장기적 관계를 더 중시한다는 것을 기억하자.

중국과 서양의 비즈니스 커뮤니케이션 스타일 비교	
호칭	**서양**: 첫 회의에서 이름을 부르는 것을 선호한다. **중국**: 선생님, 여사님, 시장님, 매니저님, 교수님 등 직함이나 칭호를 사용한다.
유머	**서양**: 초반의 경직된 분위기를 풀기 위해 농담을 하는 등 유머를 사용한다. **중국**: 첫 회의에서 유머를 사용하는 경우는 거의 없으며, 있다 해도 사전에 신중하게 준비한 농담인 경우가 대부분이다.
상대의 말 가로채기	**서양**: 자유롭게 화자의 말을 가로막고 자신의 생각을 이야기하지만, 회의 도중 휴대전화를 사용하지는 않는다. **중국**: 상대의 말을 가로채는 것을 무례로 여기지만 회의 도중 끊임없이 휴대전화를 사용해 누군가와 통화하는 것은 괜찮다고 생각한다. 직원이 갑자기 회의실에 뛰어들어 임원에게 속삭이며 메시지를 전하는 일도 종종 발생한다. 누군가 이야기하고 있을 때 옆의 동료에게 속삭이는 것은 무례하다고 생각하지 않는다.
명확한 의사소통	**서양**: 프레젠테이션의 구조를 잘 짜고 했던 말을 다시 요약해서 말하는 것이 보통이다. 참석자들도 필요한 경우 좀 더 명확하게 설명해달라고 요청하곤 한다. 만약 명확하게 전달되어야 할 내용이 그렇지 못했다면 그 책임은 모두 화자에게 있다. **중국**: 최우선 순위는 명확한 이해가 아니다. 어쩌면 "잘 모르겠어요"라고 말하는 것이 체면을 잃는 것이라고 생각해서일 수도 있고, 애매모호한 것이 구체적인 것보다 안전하기 때문일 수도 있다.
논쟁 vs 합의	**서양**: 논쟁을 통해 합의점을 도출하려 한다. 상대의 의견에 반기를 드는 것을 무례라고 생각하지 않는다. **중국**: 중국인들은 비록 권력이 가장 높은 사람에게는 함부로 하지 못하지만, 자기들끼리는 상당히 논쟁을 좋아한다. 그러나 낯선 사람들 앞에서는 서로를 보호하기 위해 똘똘 뭉친다.

주의집중 시간	**서양**: 짧고 더 짧아지는 추세다. 서양의 화자는 이야기가 길어질 경우 참석자가 지루함을 느낄 것이라 생각해 핵심을 빨리 이야기하려 한다.
	중국: 서양보다 길다. 중국인들은 어렸을 때부터 공손하고 인내심 있게 상대의 말을 경청하도록 교육받는데, 핵심을 빨리 말하지 않기 때문에 회의가 거의 끝날 무렵까지도 당신이 원하는 정보를 얻지 못할 수 있다. 가장 중요한 정보는 보통 제일 마지막에 등장한다.
눈 맞춤	**서양**: 지나친 눈 맞춤은 상대를 불편하게 만들 수 있지만 눈 맞춤을 거의 하지 않는다면 상대의 신뢰를 얻을 수 없다.
	중국: 상대와 눈을 계속 맞춰야 한다. 눈 맞춤을 피하는 사람은 신뢰할 수 없는 사람으로 여긴다.
칭찬	**서양**: 공손함과 칭찬은 중요하지만 지나칠 경우 아부로 보이기 쉽고, 신뢰할 수 없다고 여긴다.
	중국: 아부는 협상 과정의 일부다. 여기서 말하는 아부는 상대의 동료 앞에서 상대를 칭찬하거나 상급자에게 존중을 표하는 방법으로 이루어진다.
자기비하	**서양**: 영국에서 자주 사용되나 미국에서는 별로 사용되지 않는다.
	중국: 중국 문화에서는 잘난 체하지 않고 겸손해 보이는 것이 중요한 가치이기 때문에 스스로에 대해 상당히 비판적인 모습을 보일 수 있다(때로 이런 모습은 자신을 약하게 보이도록 하는 계략이 될 수도 있지만 말이다). 개인이 자신의 조직이나 중국이란 나라를 비판하는 일은 거의 없다.
일 처리	**서양**: 명령이나 지시는 매우 직접적으로 내려지고, 이에 대해 이의를 제기할 수 있다.
	중국: 명령을 간접적으로 내릴지라도 그것이 지켜질 것이라고 기대한다. 지시도 애매모호하게 내려지지만 권위를 가지고 있다.

연회

지난 20년간 중국인의 삶은 아주 많은 부분이 바뀌었지만, 전통적인 연회 스타일은 거의 바뀐 것이 없다. 중국 정부의 반부패운동 때문에 연회에 할당된 예산이 줄어들었을 뿐이다. 당신이 중국에서 일을 하든, 공부를 하든, 휴가를 즐기고 있든 간에, 적어도 한 번은 이런 연회에 가서 즐거운 시간을 보낼 기회를 가질 수 있을 것이다. 만약 중국에서 사업을 하고 싶다면 이런 연회에 참여한 뒤 그에 보답하는 연회를 열어야 한다는 것을 기억하자.

【 손님으로 참석할 때 】

보통 연회는 저녁 6시 30분에 시작해 8시 30분이면 끝이 난다. 말쑥한 정장을 입도록 하고 행동도 그에 맞춰 정중하게 하자. 중국 회사의 가장 높은 대표와 그에 상응하는 상대 회사의 대표만 이야기를 나누고, 그 밑에 있는 사람들은 조용히 식사만 하는 것이 대부분이다. 서양에서 온 방문객들이 함께 대화를 나누자는 좋은 의도로 중국 회사의 직원들에게 말을 시켜봐도 마찬가지다. 이런 광경은 고위직 정치인이 참여한 연회에서도 흔히 볼 수 있다. 이야기는 총리가 다 하고 그의 수행원들은 그 대화(또는 독백)에 감사함을 표현하는 것 외에는 별말이 없으니 말이다.

【 인사와 선물 문화 】

직위 순서대로 상대를 소개받을 것이니 그 순서대로 모든 사람과 악수하면 된다. 처음 만난 사람과는 명함을 교환하고, 명함을 건넬 때는 두 손을 사용해 공손히 건넨다. 선물을 준비했다면 식사가 끝날 무렵 전하도록 한다. 뜻하지 않게 큰 선물을 주는 것은 피해야 한다. 호스트 측에 미리 알려주어야 그들도 보답을 할 준비를 할 수 있고 그래야 체면이 손상되는 일을 피할 수 있다.

【 테이블 좌석 배열 】

중국 측 대표는 보통 문을 마주보고 앉고 자신의 오른쪽에 가장 중요한 손님을 앉힌다. 중국 측 부대표는 그 맞은편에 앉아 자신의 오른편에 상대편 부대표를 앉힌다. 통역사는 가장 중요한 손님 오른편에 앉게 되며, 나머지 인원은 테이블에 섞어 앉는다.

식사 시 나이프와 포크를 달라고 요청할 수도 있지만, 젓가락 사용법을 사전에 익혀가는 게 제일 좋다. 젓가락을 제대로 사용할 수 있는 외국인은 별로 없지만 대부분의 외국인들이 젓가락을 이용해 음식을 입까지 나르는 데는 성공한다. 중국의 어린아이들은 아주 어릴 적부터 젓가락 사용법을 배운다. 당신을 초대한 중국 측 대표에게 젓가락을 어떻게 사용하는지 보여달라고 부탁해보라. 당신의 서툰 젓가락질을 보고 사람들이 박장대소해 연회 초반 서먹한 분위기를 깨줄 것이다. 연회는 십여 개의 코스로 이루어져있을 수 있으니 스스로 속도를 조절해야 한다. 모든 요리를 조금씩만 맛보아야지 그러지 않으면 배가 불러 끝까지 먹지 못할 수가 있다.

중국 측 호스트가 당신의 접시에 가장 맛있는 부위를 잘라 계속 올려놓는다고 해도 놀라지 마라. 이는 손님을 극진히 대접하는 방법으로 중국에서는 손님이 먼저 음식을 먹기 전에 어서 먹으라고 재촉하는 것을 예의라고 여긴다. 같이 식사하는 중국인들이 공용 접시의 음식을 어떻게 가져다 먹는지 관찰하라. 아마도 음식을 덜어 먹을 때 사용하는 서빙 스푼이나 '공용 젓가락(공콰이)'을 사용하겠지만 그냥 자기 젓가락을 쓰는 경우도 있다.

국물 요리나 밥이 담긴 개인용 그릇을 손으로 들어 먹어도 무례하다고 여기지 않으며, 이렇게 하면 좀 더 안전하게 국 또는 밥을 먹을 수 있다. 중국 속담에는 "훌륭한 식사 후에는 식탁보가 전쟁터처럼 보인다"라는 말이 있을 정도니, 개인 접시 주위에 음식을 흘려 식탁이 엉망진창이 되었다고 해도 걱정할 필요는 없다.

중국에서는 식사 후 디저트를 먹지 않는 것이 보통이지만 신선한 과일이 제공되기도 한다. 밥은 보통 식사의 말미에 제공되는데, 이는 손님이 여전히 배고플 경우 배를 채우기 위함이다. 따라서 밥을 다 먹지 말고 조금 남겨 배부르게 먹었음을 나타내는 것이 예의다. 젓가락을 밥그릇 위에 똑바로 꽂아놓으면 안 된다. 제사를 지낼 때 피우는 향이 떠오르기 때문이다.

【 건배와 차 】

건배를 할 때는 술을 들지만, 과음하는 중국인은 찾아보기 힘들다. 보통 테이블에는 각각 백주, 와인 그리고 좀 더 도수가 높은 마오타이를 담는 세 개의 잔이 놓인다. 백주는 수수를 증류해 만드는데 도수가 65도에 이르는 것도 있다. 건배를 할 때는 보통 마오타이를 마시는데, 중국인들이 건배 후 마오타이가 담긴 작은 술잔을 단번에 비우는 것을 자주 보게 될 것이다. 청량음료나 차로 건배를 해도 괜찮다. 과거에는 누가 먼저 만취하는지 겨루듯 술을 마시는 것이 연회에서의 음주 에티켓이었지만, 지금은 이런 문화가 점점 사라지고 있다.

사실 중국에서 술을 마시지 않는 사람보다 더 힘든 것은 채식주의자다. 당신이 채식주의자라면 사전에 중국 측에 그 사실을 알리도록 하자. 당신이 이슬람교 계율에 따라 도축된 육류나 음식만 먹는다면 아마 먹을거리를 찾기는 힘들 것이다. 무슬림 역사에 상당한 영향을 받은 중국이지만, 하랄 음식을 찾기는 매우 힘들다. 하지만 주요 도시에서는 신장 지역 사람들이 운영하는 무슬림 식당을 쉽게 찾을 수 있으니, 그 또한 하나의 해결책이 될 수 있다.

【연설 및 건배 제의】

보통 식사가 시작된 이후 곧장 연설을 시작해 상대편에게 건배를 제의하는 것으로 연설을 끝낸다. 호스트는 첫 번째 요리와 두 번째 요리 사이에 하고 싶은 이야기를 하고, 상대편 대표는 그로부터 수분 후, 두 번째 요리를 먹기 시작한 뒤에 답례 연설을 한다. 연설은 무난한 내용을 짧게 이야기하도록 하

고 마무리는 건배 제의로 한다. 이번 중국 방문에 대해 감사하
다는 이야기를 전하고, 앞으로도 협력했으면 좋겠다는 희망을
피력하라. 단, 공들여 짠 농담은 제대로 전달하기가 힘드니 피
하도록 하자. 테이블이 여럿이라면, 호스트가 한 테이블에 앉
은 사람들을 다 둘러볼 수 있는 자리에서 짧게 한 마디를 하
며 건배를 한 뒤 다른 테이블로 이동할 것이다. 건배를 하는
중에는 모두 일어서야 하며 호스트가 이동한 다음에 다시 자
기 자리에 앉는다.

【건배!】

건배 제의가 끝나면, 제의자는 '간베이(말 그대로 '잔을 비우라'는 뜻)'라고 외친다. 하지만 연회 도중 여러 번 건배 제의가 있으므로 음주 속도를 조절하도록 하자. '두 국가/회사/학교 간의 우정을 위하여' 같은 안전한 다목적 건배사가 여전히 많이 쓰이며, 보통 사람들은 '간베이'를 외친 후 잔을 부딪치지 않는다. 몇 잔의 마오타이를 마신 후, 보통 고국에서 하는 것처럼 제대로 된 건배사를 할 수도 있다. 자기 잔에 술을 직접 따르면 안 된다. 웨이터나 호스트가 대신 따라줄 것이다.

【대화】

음식, 여행, 가족, 스포츠는 좋은 대화 주제이다. 종교, 관료주의, 정치, 성에 관련된 이야기는 피하자. 안전한 주제로는 문화, 그리고 당연하게도 사업이 있다. 대신 너무 심각한 사업 논의는 피하라. 이런 사교 모임은 그저 친선을 도모하는 용도이다.

답례 연회

중국을 떠나기 전 중국 호스트를 위해 답례 연회를 열겠다고 결정했다면, 통역사 혹은 당신의 방문을 준비해준 이에게 도움을 요청하라. 테이블의 좌석 배열도 미리 정해두어야 하고, 아주 격식을 차린 연회의 경우 자리마다 이름카드도 올려놓아야 한다. 이제는 당신이 호스트로서 상대에게 음식을 부지런히 권하고, 회사의 다른 이들도 그들 옆자리에 앉은 중국인들에게 새로운 음식이 올 때마다 음식을 권해야 한다. 그러면 중국 손님들은 몇 번 거절하다가 당신의 권유에 응할 때가 되었다고 생각하면 음식을 들기 시작할 것이다. 그러므로 계속해서 음식을 권하도록 하자. 중국의 연회에서 호스트나 게스트가 되어 보는 것은 진정한 문화 체험이 될 수 있다. 물론 쉬운 일은 아니겠지만 매우 보람 있는 일이 될 순 있다.

중국에서 일하기

중국에서 일하는 외국인이 점점 증가하고 있다. 과거에는 구할 수 있는 직업 대부분이 교육에 국한되어 있었다면, 오늘날은 IT, 미디어, 금융, 제조, 서비스 산업까지 훨씬 더 넓은 분야에 기회가 존재한다. 중국에서 일하는 데 관심이 있는 사람이 있다면 중국에 오기 전에 미리 일자리를 마련하기를 추천한다. 관광비자나 학생비자를 가진 상태에서 일을 구하면 다시 본국으로 돌아가 적절한 취업 비자를 다시 신청해야 하기 때문이다.

중국은 성장과 경력 개발을 위하여 좋은 기회를 제공하며, 많은 국외 거주자들은 중국 대도시의 빠른 생활방식을 매우 좋아한다. 상하이는 국외 거주자들에게 중국 최고의 도시로 거듭 선정되었다. HSBC의 〈익스팻 익스플로러〉에 따르면 상하이의 국의 거주자들은 평균 연봉이 약 20만 달러로 세계에서 가장 소득이 높은 편이라고 한다. 하지만 당신이 외국계 회사, 국제기관에 근무하거나, 메이저 중국 회사의 고위직이 아니라면, 중국 어디에서 일을 하든 큰돈을 버는 것을 기대하기는 힘들다.

중국에서 사는 내내 국외 거주자들끼리의 커뮤니티 안에 갇혀서 지내기 쉽다. 하지만 일터에서나 다른 사회 활동 중에나 중국어를 배우고 현지인을 알아가려는 노력만이라도 해보자. 아마 중국 사회에 흡수되는 경험은 극도로 보람될 것이며 평생 기억에 남는 일이 될 것이다.

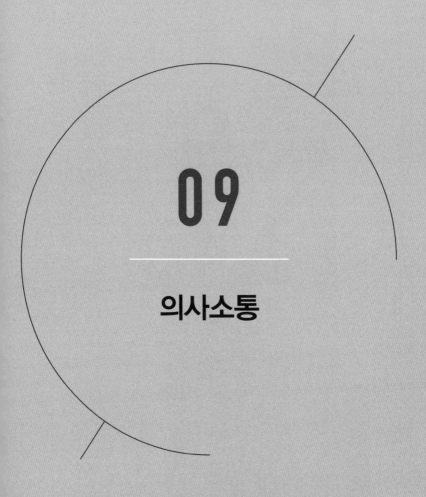

09

의사소통

중국 땅의 험준한 산맥과 넓은 사막 때문에 예전부터 중국인들은 소통이 쉽지 않았고, 이런 이유로 다양한 언어가 발달했다. 이 다양한 언어를 종종 사투리라고 부르는 사람들도 있지만, 서로 전혀 의사소통이 안 된다는 것을 고려하면 사실 별개의 언어로 생각하는 게 더 맞을 것이다. 중국의 8대 방언으로는 푸통화, 광둥화, 상하이어, 하카어, 샤먼어, 푸저우어, 원저우어 및 기타 지역 언어를 꼽을 수 있다.

중국의 표준어 푸통화 그리고 광둥화 및 방언들

중국 땅의 험준한 산맥과 넓은 사막 때문에 예전부터 중국인들은 소통이 쉽지 않았고, 이런 이유로 다양한 언어가 발달했다. 이 다양한 언어를 종종 사투리라고 부르는 사람들도 있지만, 서로 전혀 의사소통이 안 된다는 것을 고려하면 사실 별개의 언어로 생각하는 게 더 맞을 것이다. 중국의 8대 방언으로는 푸통화, 광둥화, 상하이어, 하카어, 샤먼어, 푸저우어, 원저우어 및 기타 지역 언어를 꼽을 수 있다. 푸통화는 중국과 타이완에서 교육에 사용하고 있는 표준어로, 중국은 푸통화로 의사소통하고 있다. 중국에서는 이 말을 푸통화(보통의 말이라는 뜻), 한위('한족의 언어'라는 뜻), 쭝원('중국의 언어'라는 뜻)으로 다양하게 부르고 있고, 타이완에서는 궈위나 화위('국어'라는 뜻)라고 부른다.

중국어는 지나-티베트 어족에 속하는 성조언어로, 인도-유럽 어족에 속하는 영어와는 많은 면에서 다르다. 베트남어, 버마어, 태국어 등 남아시아의 언어도 중국어와 유사한 체계를 가지고 있다. 성조언어는 소리의 높이에 따라 다른 뜻을 전달한다. 예를 들어 일정한 높은 목소리, 즉 1성으로 소리 낸 '탕'

은 국물이라는 뜻을 갖지만, 소리가 올라가는 2성으로 소리를 내면 '설탕'으로 뜻이 달라진다. 소리가 내려갔다 다시 올라가는 3성으로 소리 낸 '고우'는 '개'라는 뜻이지만, 성조가 뚝 떨어지는 4성으로 낸 '고우'는 '충분하다'라는 뜻이다. 푸통화에는 4개의 성조가, 광둥화에는 6개의 성조가 있다. 우선 푸통화는 1~4성으로 구분된다.

1성 →

2성 ↗

3성 ↘↗

4성 ↘

대부분의 중국 단어는 한음절로 이루어져 있으며, 각 음절은 하나의 글자를 갖는다. 중국어는 다른 언어보다 낼 수 있는 소리가 적은 편으로 영어가 내는 소리가 더 많기 때문에, 영어를 모국어로 하는 사람이 낼 수 없는 중국어 발음은 거의 없다. 난관은 바로 성조에 있다. 4개의 성조를 아예 구분하지 못하는 외국인도 많은데, 그 성조를 제대로 따라하는 사람이 많을 리 만무하다. 만약 당신이 중국 호스트에게 중국어 발음을 교정해달라고 부탁한다면, 호스트는 당신을 돕는 과정에서 크나큰 즐거움을 느낄 것이다. 실질적으로 당신의 발음은 좋아지지 않을지라도 말이다. 간단한 문장을 배우는 데 겪을 사소한 어려움보다는 중국 사람들에게서 얻을 긍정적 반응이 훨씬 크다는 것을 기억하자. 또한 당신의 노력하는 모습에 중국 측 호스트가 반응하는 전후맥락을 통해 중국어를 더 잘 이해할 수 있게 될 것이다.

【 중국 내 영어 및 다른 외국어의 수준 】

주요 대도시 시민들의 영어 수준은 계속 향상되고 있다. 이유는 다양하다. 교육 수준도 높아졌고 중국에서 일하고 있는 영어 원어민도 늘어났으며, 해외여행의 기회도 늘어났다. 또한 영어로 된 영화나 웹사이트, 서적, 음악 등을 자유롭게 즐길 수 있게 된 것도 영향을 미쳤다. 영어 학습에 대한 동기는 그 어느 때보다 큰 편이다.

영어 외의 다른 외국어를 쓰는 사람은 거의 없다. 하지만 일본어, 한국어, 프랑스어, 독일어, 스페인어 등을 쓰는 인구가 점점 늘어나고는 있다. 만약 이런 외국어를 공부하는 사람을 만나게 된다면 믿기지 않을 정도의 유창함에 깜짝 놀라게 될 것이다. 외국어를 공부하는 현지인에게는 문법이 가장 힘든 도전이다. 중국어의 한자도 그만큼 어렵기는 하지만 한자는 어떤 형태로도 변형이 되지 않기 때문이다. (문장 안에서의 기능이 달라질 순 있어도 뜻은 늘 유지된다.) 그래서 중국어 문법은 놀라울 정도로 단순하다. 시제, 성 구분, 단수와 복수 구분이 없으며 격이란 것도 전혀 없다. 그런 이유로 중국어 사용자들은 종종 이런 개념을 이해하기 어려워한다.

하지만 시골에 가면 영어를 비롯한 제2외국어를 하는 사람이 매우 드물 것이다. 시골의 학교에는 아주 기본적인 과목을 가르치는 교사만 있을 뿐, 그 외의 교육 과정을 가르칠 교사를 모집하고 유지하는 것은 어려운 실정이다. 영어를 잘 모르는 중국인과 영어로 대화해야 할 때는 짧은 문장을 천천히 말하고, 불필요하게 어려운 단어나 속어를 사용하지 않도록 주의하라. 통역사를 고용한 경우에는 통역사가 통역할 수 있는 길이로 문장을 끊어 이야기하도록 한다.

오늘날 중국에 살면서 중국어를 하지 못하는 많은 국외 거주자들은 현지인과 의사소통을 하기 위해 번역기를 이용할 것이다. 예를 들어 위챗 메시지에는 번역 기능이 들어있다. 영어와 중국어로 서로 대화를 하는 경우라면 바이두 번역도 성능이 좋다.

일부 중국인, 특히 광둥화를 구사하는 중국인은 영어의 모든 음절에 똑같이 강세를 주는 경향이 있다. 여기에 '부탁드립니다', '감사합니다', '죄송합니다' 같은 단어를 자주 사용하지 않는 문화 때문에 무례하다는 인상을 받기도 한다.

【 중국의 피진잉글리시 】

영어로 비둘기를 뜻하는 '피전'과 비슷한 발음의 '피진pidgin'은 서양인과 처음 접촉했던 초기 중국 사람들이 '비즈니스'라는 영어 단어를 따라한 데서 비롯됐다. 1800년대 외국 상인들이 최초로 중국 해안에 도착했을 때, 중국인은 영어를 몰랐고 외국인은 중국어를 몰랐으므로 서로 의사소통할 수 있는 공통의 언어가 없었다. 그래서 사람들은 유용한 영어 단어 수백 개로 구성된 피진잉글리시를 만들어 서로 소통했다. 거기에 동인도회사 상인들의 영향으로 힌디어가 더해진 피진잉글리시는 1949년 역사의 뒤안길로 사라지기 전까지 외국인과 중국인,

심지어 중국 내 다른 방언을 쓰는 이들끼리 서로 소통할 수 있는 방법이 되었다.

현재 영어에는 피진잉글리시를 사용하던 시대의 모습을 생생하게 반영하는 단어들이 전해 내려온다.『틴틴』과 같은 만화책에는 서두르라는 뜻의 '춉춉'이라는 피진잉글리시 단어가 쓰였다. '춉'은 상표이기도 했고, 계약서에 찍는 도장을 의미하기도 했다. 포르투갈어로 신을 의미하는 '데오스'에서 유래한 '조스'라는 단어도 많이 쓰인다. 신을 위해 태우는 향, '조스 스틱'이라는 단어와 '조스 피진 맨', 신의 일을 하는 사람, 즉 성직자라는 단어도 여기에서 유래했다.

몸짓 언어

매우 전통적인 동남아시아 사회와는 달리, 중국에서는 의도치 않은 몸짓 언어body language로 현지인들의 기분을 상하게 만들지는 않을까 고민하지 않아도 된다. 수십 년 동안 사회의 최고 빈곤계층인 '노동자, 농민, 군인'과 자신을 동일시하라고 강제한 탓에 중국인들은 몸짓 언어에 관해서는 상대적으로 덜 민감한 편이다. 그러므로 당신이 일반적인 매너만 보여준다면 전혀 문제는 없을 것이다.

하지만 유럽과 비교했을 때 중국에서 보기 어려운 광경, 그리고 당신이 나서서 시연해서는 안 될 광경이 있다면, 그것은 공공장소에서 키스하는 것이다. 중국인들은 포옹하거나 자기 감정을 적나라하게 드러내는 서양식 몸짓 언어에 아직 익숙하지 않다. 하지만 최근에는 젊은 계층에서는 조금씩 달라지고 있다.

중국에서는 숫자를 셀 때 한자를 기반으로 한 독특한 손 모양을 많이 사용하니 알아두는 것이 좋다. 1에서 5까지는 서양과 똑같으나 6부터 흥미로워진다. 6은 검지, 중지, 약지를 손바닥에 붙이고 엄지와 새끼손가락만 반대 방향으로 쫙 펼친다. 7은 다섯 손가락의 끝을 한데 모은 모양으로 표시한다. 8은 엄지와 검지를 펴서 'L'을 만들고, 9는 다른 손가락은 주먹을 쥔 채 검지만 구부린 모양이다. 마지막으로 10은 양 손의 검지를 서로 겹쳐 십자가 모양을 만들어 표현한다. 주먹 쥔 손은 0을 나타내지만, 일부 지역에서는 10을 뜻하기도 한다.

한자

중국의 글자, 한자는 세계에서 가장 오래된 문자로 알파벳과
는 전혀 다른 약 5만 개의 글자로 이루어져 있다. 그중에는 기
원전 1500년 상나라 때 만들어진 문자도 있어 그 오랜 역사를
짐작해볼 수 있다. 문자의 형성 초기에는 물건의 형상을 그대
로 본 따 그린 그림문자로 글을 썼지만, 곧 이 복잡한 그림들
은 붓 획 몇 번이면 쓸 수 있는 글자 형태로 발전했다. 오늘날
사용되는 한자 중에서도 초기의 그림문자 형태를 닮은 글자가
있다.

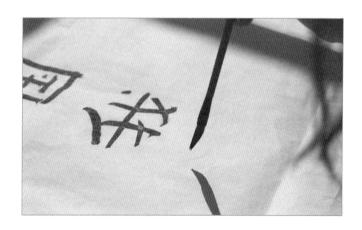

대표적으로 날 일日 자는 원래 둥근 원의 중간에 점을 찍은 모양이었지만, 지금은 네모 상자의 중간에 줄이 하나 더 생긴 모양으로 쓰이고 있다. 물 수水 자는 흐르는 세 가닥의 물줄기를 형용한 것이고, 사람 인人 자는 머리 부분은 생략한 채 두 다리로 서 있는 사람의 모양을 하고 있다. 두 글자를 조합해 하나의 새로운 글자를 만들기도 했다. 날 일日 자와 달 월月 자를 합치면 밝을 명明 자가 되는 것이 그 대표적인 예다. 집 가家 자는 '돼지 돈豚' 위에 지붕이 있는 모양인데, 이는 과거 중국의 가족이 돼지를 키웠기 때문이다.

모든 글자는 부수와 음으로 이루어져 있다. 예를 들어 아래의 글자 맑을 청淸 자는 물을 뜻하는 삼수 변 '氵'에 그 음을 나타내는 청青 자를 더해 만들었다. 중국어의 문자, 한자에는 약 250개 부수가 있으며, 불火과 같이 흔히 사용되는 부수도 있지만, 잘 쓰이지 않는 부수도 존재한다.

서양인에게 이런 한자를 배우는 일은 거의 악몽같이 어려운 숙제로 느껴질 수 있지만, 중국의 아이들은 아주 어릴 때부터 한자를 배우기 시작하고 또 열심히 공부한다. 식자율 비율은 96.8퍼센트이며, 상용한자 3천~4천 개 정도를 알면 충분하다. 본토에서는 1950년대와 1960년대에 두 차례, 식자율을 높이기 위한 의도로 복잡한 글자 모양을 간략하게 고치는 작업을 벌였다. 홍콩, 마카오, 타이완에서는 여전히 전통적인 번체자를 사용하고 있다. 간체자에 비해 번체자가 훨씬 더 복잡함에도 불구하고 본토를 떠난 중국인들이 계속 사용하는 것이다.

중국어의 로마자 표기법, 병음

1950년대 중국 정부는 중국어의 발음을 음역하는 현대적인 체계인 병음Pinyin을 개발했고, 이는 기존에 사용되던 웨이드식 표기법을 완전히 대체했다. 병음 이전의 로마자 표기법을 따른 책을 읽는다면 지금은 Suzhou로 표기되는 수저우가 Soochow 로 표기되는 등 헷갈리는 부분이 있을 것이다.

전화번호부나 사전 등에 사용되고 있는 병음은 매우 유용하다. 중국어는 알파벳을 쓰지 않기 때문에 병음은 정보를 분류하는 유일한 방법으로 기능하고 있다. 키보드에서도 병음을 이용해 글자를 입력할 수 있다. 만약 키보드의 m과 a를 눌러 ma라는 발음을 입력한다면, 컴퓨터 화면에는 ma라는 발음에 해당하는 다른 성조의 글자 목록(엄마, 말 등 뜻은 모두 다름)이 나타나는데, 그중 해당하는 글자를 고르면 된다.

공공장소의 표지판도 병음과 영어로 병기된 경우가 많다. 간단한 한자 몇 개를 안다면 도움이 되겠지만, 구어를 몇 마디 아는 것이 주는 도움에 비할 바는 아닐 것이다.

대중매체

【 검열 】

중국의 모든 언론은 정부의 검열을 받고 있다. 조지 오웰의 소설에나 나올 법한 이름의 중국의 광파전영전시총국[SARFT]은 프로그램 방영 전 모든 프로그램을 검열한다. 언론인도 그 분야에서 계속 살아남기 위해 자기 검열을 한다. 정치인과의 솔직한 인터뷰는 찾아보기 힘들고, 뉴스와 시사 프로그램은 생방송이 아닌 사전녹화로 진행되거나, 10초 후 지연방송으로 진행된다. 중국은 프랑스 단체 국경 없는 기자회가 발표한 2019년 언론 자유 지수에서 전체 180위 중 177위라는 형편없는 등수를 기록했고, 이는 전년에 비해 더 하락한 수치였다.

CNN 같은 외신이 달라이 라마 같은 주제어를 언급한 경우, 중국은 재빨리 그 내용을 삭제하기 위해 외신이 중국이 통제하는 위성을 통해 신호를 송출하도록 하고 있다. 하지만 인터넷의 발달로 사람들은 자신이 원하는 것을 보고 들을 수 있는 자유를 더 누릴 수 있게 되었고, 단돈 2천 위안(약 35만 원 가량) 정도만 지불하면 위성 신호 해킹 시스템을 구입해 금지된 채널을 시청할 수 있다.

【TV와 라디오】

중국에는 약 3천 개의 국영 및 민영 TV 채널과 인터넷 방송을 포함해 다수의 지역 및 전국 라디오 방송국이 운영되고 있다. TV와 라디오는 티베트어나 위구르어 같은 소수민족 언어로 방송되기도 한다. 관영방송은 CCTV로, 보유하고 있는 45개의 중국 TV 채널을 통해 뉴스, 드라마, 음악 등 다양한 프로그램을 방영하고 있다. 과거에 TV는 엄청나게 많은 시청 인구를 보유하고 있었으나, 서양과 마찬가지로 즐길 수 있는 엔터테인먼트 종류가 다양해지면서 TV 시청 인구도 분산되고 있다.

【출판】

중국의 관영통신사는 대표적으로 '신화'와 '중국신문망'의 두

베이징에 있는 CCTV 본사

가지가 있다. 정부의 공식기관지로는 〈인민일보〉가 있으며, 자매신문 영자지 〈차이나 데일리〉는 인쇄판과 온라인판으로 모두 만나볼 수 있다. 1968년 중국의 신문 및 잡지는 단 42종에 불과했고 그마저도 모두 공산당 기관지였다. 하지만 현재는 약 2천여 종의 신문과 7천여 종의 잡지가 간행되고 있고 다수는 민영으로 운영되고 있다. 중국 전역에는 약 2만 5천 개의 인쇄소와 서점이 교육교재부터 해적판 『해리포터』, 미국 비즈니스 가이드, 로맨스물, 포르노, 탐정소설, 전문 저널에 이르는 모든 것을 인쇄해 판매하고 있다. 책값은 저렴한 편으로 많은 중국인이 독서를 즐긴다. 베이징의 중심 번화가인 왕푸징에 위치한 대형 서점에 가면 다양한 종류의 책이 가득한 서점 안에 아장아장 걷는 아기부터 자기계발에 목마른 은퇴 후 직장인들까지 남녀노소 할 것 없이 사람들로 발 디딜 틈이 없는 것을 보게 될 것이다.

중국에서는 디지털 포맷을 이용한 독서가 매우 인기가 좋기 때문에, 엄지손가락으로 종이책을 넘기는 사람보다는 스마트폰 속 전자책의 스크롤을 올리는 사람을 훨씬 더 흔하게 볼 수 있다. 인기 있는 독서 앱들은 이동 중에도 읽기 편하게 만들어져 있는데, 책 한권 통째로 구매하기 보다는 한 챕터씩 또는 글자 수에 따라 비용을 지불한다. 인터넷 소설은 굉장히 인기가 많아서 어떤 것들은 수십 챕터가 넘어가며 수많은 파생상품을 낳기도 한다. 대부분의 인터넷 작가들은 익명 상태로 남아있지만 유명인사가 되는 경우도 있다.

소셜미디어

중국의 인터넷 속도는 대부분 서양 국가보다 빠르고, 인터넷 접속에 사용하는 기기도 서양보다 신식이고 가격도 저렴하다. 특히 중국의 젊은 세대는 소셜미디어를 적극적으로 받아들여 일, 데이트, 쇼핑, 밤 외출, 티켓 예약 등에 이를 적극적으로 활용하고 있다. 약 3천 개의 서양 인터넷 사이트가 막혀있다. 그중에는 구글, 페이스북, 유튜브 등이 포함되어 있다. 쉽게 접근할 수 있는 유일한 서양 소셜 네트워크는 링크드인이다. 하지만 대부분의 중국인들은 아쉽다는 생각을 하지 않는다. 중국 자체의 소셜미디어 생태계도 이미 넘쳐나고 있기 때문이다.

메시지 앱으로 시작했던 위챗은 필수 일상 도구로 진화하여 2019년에는 중국에서만 일간 사용자가 9억 명을 넘어갔다. 이 슈퍼 앱은 현재 소셜미디어 플랫폼으로서 비디오를 만들거나 음성 통화를 하는 데에 사용될 뿐만 아니라, 송금, 온라인이나 오프라인 결제, 승차호출, 음식 주문에도 이용된다. 그 외

새로운 기능으로는 병원 진료 예약, 주차비 결제, 자전거 대여 등이 있다. 아직 이 앱을 다운받지 않았다면 지금이라도 빨리 다운을 받기 바란다.

다른 인기 앱으로는 페이스북과 유사한 QQ, 트위터의 대항하는 웨이보, 온라인 쇼핑과 블로깅, 소셜미디어가 결합된 레드 등이 있다. 숏 비디오 플랫폼인 더우인(중국에서만 서비스되는 틱톡)은 젊은이들 사이에서 특히 유명하다. 중국인들은 공식 채널에서 나온 정보는 불신하지만 혼자 힘으로 권위를 쌓기 위해 노력해온 인물은 존경하기 때문에, 현지에서는 KOLs(Key Opinion Leaders, 핵심 오피니언 리더)이라 불리는 다양한 분야의 인플루언서가 서양의 인플루언서에 비해 소셜미디어 내에서 훨씬 많은 영향력을 행사한다.

소셜미디어는 중국에서의 삶 면면에 지대한 영향을 미쳤고, 특히 뉴스 보도의 차원이 현격히 달라지는 계기를 제공했다. 대표적인 예로 2011년 7월, 중국 저장성 원저우에서 일어났던 철도 사고를 들 수 있다. 두 대의 고속철도가 추돌하여 열차 네 량이 철도를 탈선하면서 40명이 사망하고 100명이 넘는 인원이 부상을 입었던 이 사고는 서양에서라면 대서특필될 뉴스였을 것이다. 하지만 당황한 지방정부는 조기에 구조작업을 마무리하고 탈선된 열차를 묻으라고 지시했다. 인터넷이 없던 시절에는 가능했겠지만, 인터넷이 발달한 시대에 뉴스를 묻어버린다는 것은 생각보다 쉽지 않은 일이었다. 한 온라인 커뮤니티가 이 사실을 알아내자 여론은 분노했고, 평소에는 신중하기 이를 데 없는 관영매체조차 '시민 저널리스트의 작은 승리'라는 제목으로 이 내용을 보도했다.

스마트폰의 침투

중국이 개방 노선을 택했던 1970년대에는 전화로 택시를 부르는 것보다 사람에게 부탁하는 편이 빨랐다. 그 시절에는 한 아파트의 주민 전체가 수신 상태가 형편없는 단 하나의 전화선을 함께 썼다. 지나치게 많은 사람들이 한 대의 전화기를 같이 썼기 때문에 전화기에는 병균이 득실댄다는 생각이 만연했고, 이에 전화 수신기를 손수건으로 덮고 통화하는 사람도 많았다. 가뜩이나 수신 상태도 형편없는데 수신기까지 손수건으로 가렸으니 말하는 이의 목소리가 제대로 전달될 리 만무했고, 통화는 답답하게 이어졌다. 또 직장인들이 집에서는 할 수 없는 전화를 출근 뒤 사무실 전화를 이용해서 거는 바람에, 정작 일 때문에 사무실에 전화를 건 사람은 상대와 연결되기가 하늘의 별 따기였다. 기밀을 무척이나 중요하게 생각했기 때문에 전화번호부 같은 것도 거의 없었다. 주중 외국 대사관의 경우 전화번호부를 보유하는 경우가 있었지만, 그마저도 금고에 넣어 안전하게 보관했다. 오늘날 중국인들은 전화가 없어 고생했던 지난 세월을 보상받기라도 하려는 듯, 어딜 가나 최신 스마트폰을 들고 다니며 끊임없이 상대와 이야기를 나눈다. 대략

전 국민의 70퍼센트가 스마트폰을 소유하고 있으며, 수많은 국내 브랜드에서 저렴한 가격의 단말기를 생산하고 있기 때문에 시장은 앞으로도 더욱 커질 예정이다. 주요 국내 브랜드로는 화웨이, 샤오미, 오포, 원플러스, 비보가 있다. 중국 심카드 구매 방법은 상당히 간단하다. 여권을 챙겨서 차이나모바일 또는 차이나유니콘 상점을 방문하면 곧바로 구매 가능하다.

우편과 특급 배달 서비스

중국의 어딜 가나 초록 바탕에 노란 글씨가 쓰인 간판의 중국 우편 지부와 그 배달용 트럭을 볼 수 있다. 편지와 소포를 보통우편으로 부치면 목적지에 도달하기까지 시간은 좀 걸리지만(중국에서 영국까지 약 1개월 소요), 그래도 저렴하고 신뢰할 수 있는 수단이다. 물론 항공우편은 이보다 훨씬 빠른 속도의 서비스를 제공한다. 특급 배달 서비스는 싸고, 믿을 수 있으며 편리하다. 두 지점이 같은 도시 안에 있기만 하다면 물건 수거와 배달이 하루 안에 이루어지기도 한다. 중국 내 다른 지역으로 배달을 하더라도 보통 2~3일이면 가능하다. 가장 믿을 수 있는 회사로는 SF익스프레스, EMS, ZTO익스프레스가 있다.

결론

서양식의 경제 성장을 추구하면서도 강력한 정치 규제를 동시에 시행하고 있는 중국의 모순을 2015년, 미국의 재무부 장관 헨리 폴슨은 이렇게 표현했다. "경제적으로는 시장 주도의 유연성과 치열한 경쟁을 유도하면서도 정치와 언론, 인터넷을 더 강력하게 통제하려는 모습은 조화롭지 못하다." 이런 모순에도 불구하고 지난 30년간 중국은 경제 성장을 지속했고, 세계경제 성장의 동력이 되어주었다. 하지만 최근 들어 중국의 경제 성장 속도가 둔화되고 있다. 어마어마한 액수의 부채는 상환을 보장할 수 없는 상태라 더욱 위태위태하다. 구조조정과 투명도 개선이 절실한 상황이다. 평범한 중국인들은 정부투자 주도의 경제에서 민간에 의한 시장 주도 경제로의 전환에 갇혀버렸다. 물론 이들은 과거 세대보다는 인생을 즐기며 살고 있지만, 남들보다 뒤처지는 것에 대한 두려움과 압박감을 끊임없이 느끼고 있다.

상하이를 기반으로 활동하는 작가 마오젠은 이런 '중국식 타이밍'에 사람들이 느끼는 압박감을 다음과 같이 표현했다. "한 밑천 잡기 위해서는 속도를 내야 한다. 오래된 안뜰을 허물고 우쑹강을 메우고, 도메인을 등록해야 한다. 하루라도 늦으면 영원히 따라갈 수 없다. 목표는 더 이상 오래 사는 것이 아니다. 오늘날 중국이 추구하는 것은 바로 속도다."

이전 세대가 '인민에 봉사하라'는 교육을 받고, 극도로 가난했지만 완벽했던 군인이자 신사였다고 미화됐던 레이펑 등 혁명 영웅을 닮을 것을 장려받았다면, 오늘날 중국인들은 아주 현실적이면서도 부유한 사람들을 롤 모델로 삼고 있다. 애플의 창립자인 스티브 잡스나 중국의 거대 인터넷 기업 알리바바를 창립한 왜소한 체격의 마윈 등이 대표적인 롤 모델로, 사람들은 이들을 동경하며 모방하려 한다. 하지만 성공을 위해 노력하는 것은 시대를 막론한 중국 민족의 특성이었다. 많은 중국인들이 기꺼이 위험을 감수하고, 근면성실하게 일하며, 열심히 저축하면서 부자를 꿈꾸는 타고난 기업가처럼 보인다. 국민의 일상을 강력하게 통제하던 정부가 그 끈을 느슨히 풀어주자 사람들은 강력한 혈연관계에 의지했던 옛 전통을 고수하면서도 자신의 노력을 더해 더 넓은 세상을 인식하게 되었다.

중국의 통치자는 질서와 통제를 기조로 나라를 운영하고 있다. 중국을 방문한 외국인 방문자들은 사회의 구석구석 그 권력이 힘을 미치지 않는 곳이 없으며, 때로는 예측할 수 없는 이 독재정권을 절대 과소평가해서는 안 될 것이다. 당신은 단순히 '외국 친구'로 중국에 와서 경이로운 중국의 역사를 느끼는 데 만족할 수도 있을 것이고, 이후 펼쳐질 중국 역사의 한 장에 직접 참여하는 특권을 누릴 수도 있을 것이다.

지난 30년간 나는 운이 좋게도 중국이라는 나라를 배울 수 있었다. 이 땅에서 사귄 중국 친구와 동료, 학생들은 따뜻하면서도 늘 변함없는 태도로 나를 대해줬고, 뛰어난 유머로 나를 웃게 해줬으며, 근면성실의 가치를 믿고 조국의 업적에 자긍심을 가지면서도 현실을 알고 여전히 나아갈 길이 멀다는 것을 아는 복합적인 모습을 보여줬다. 영국의 중국학자 마틴 자크는 이렇게 말했다. "중국은 위대한 문명을 계승한 나라로서 오랜 기간의 경험과 그로부터 우러나오는 자신감을 지니고 있으면서도 현재 자신의 위치와 앞으로 해야 할 일들을 아주 현실적으로 파악하고 있다." 전문가들은 하나같이 중국이 20세기보다 21세기에 더 큰 영향력을 보유할 것이라고 말한다. 이토록 매력적인 나라와 그 사람들을 알기 위해 쓴 시간이 결코 낭비가 아니라 투자인 이유도 바로 여기에 있다.

유용한 단어와 문장

니하오 안녕하세요?

자오안 좋은 아침입니다.

완안 좋은 밤입니다.

자이지엔 또 뵙겠습니다.

씨에씨에 고맙습니다.

부커치 천만에요.

칭 제발, 부디

칭웬 실례합니다(질문하기 전).

뚜에이 더 맞다(정확하다).

시 더 맞다(~와 같다).

부시 아니다(~와 같지 않다).

부야오 아니다(무언가를 거절할 때).

하오 더 괜찮다, 좋다

칭추어 앉으세요.

칭게이워 저에게 주세요.

칭진 들어오세요.

이용유에 영어

중궈 중국

중궈런 중국 남자/여자

워부휘슈어하뉘 저는 중국어를 하
지 못합니다.

워스~ 나는~

워자오~ 내 이름은~

자이날 어디~?

찬팅 레스토랑

쥬디엔 호텔

츠어쑤오 화장실

훠츠찬 기차역

페이지창 공항

마이 사다

피아오 티켓

유용한 앱과 웹사이트

알리페이 중국의 수많은 사람들이 쓰는 필수 모바일 결제 도구

바이두 중국에서 가장 인기 있는 검색엔진이다. TV 프로그램, 음악 및 영화를 다운로드하는 데 사용할 수도 있다. 저작권 문제는 대부분 신경 쓰지 않는다.

씨트립 항공권, 호텔, 패키지 여행을 예약할 때 유용하다. 여러 언어로 제공된다.

따종디엔핑 레스토랑, 미용실, 어린이 놀이터 및 기타 여러 비즈니스에서 인기 있는 리뷰 웹사이트이자 앱이다.

디디추싱 승차 공유 플랫폼이며 영어 버전도 있다.

페이스북 뉴스, 쇼핑 및 게임에서 인기가 많았다.

메이투안(메이퇀)과 얼러머 가장 큰 음식 배달 플랫폼이다. 중국어로만 사용할 수 있다.

QQ 인스턴트 메시징 서비스로 페이스북과 유사한 서비스다. 뉴스와 음악, 쇼핑, 게임을 제공한다.

타오바오 아마존 중국 버전이다.

징둥닷컴 온라인 상점이다.

웨이보 트위터의 중국 버전이라고 할 수 있다. 수많은 사용자가 웨이보에서 중국 유명인을 팔로우한다.

WhatsOnWeibo.com 중국어를 읽지 못하지만 웨이보의 최신 소식을 듣고 싶은 사람들을 위한 영어 웹사이트다.

유쿠 중국판 유튜브로, 뮤직 비디오, TV 프로그램 등을 시청하는 데 사용된다.

그 외 Chinadialogue.net(중국의 정치, 환경 및 사회에 대한 뉴스 등), SixthTone.com, RadiiChina.com 및 InkStoneNews.com(문화, 혁신 및 사회 측면에서 현재 중국에서 일어나고 있는 일에 대해 알려준다)

참고문헌

Ash, Alec. *Wish Lanterns: Young Lives in New China*. London: Picador, 2017.

Birkers, Robert. *Out of China: How the Chinese Ended the Era of Western Domination*. London: Penguin, 2018.

Chang, Jung. *Wild Swans: Three Daughters of China*. London: Flamingo (Harper Collins), 1993.

Chang, Jung and John Halliday. *Mao: The Unknown Story*. London: Jonathan Cape, 2005.

Hong Fincher, Leta. *Leftover Women: The Resurgence of Gender Inequality in China*. London: Zed Books, 2014.

Hua, Yu. *To Live*. New York: Anchor Books, 2013.

Kissinger, Henry. *On China*. New York: Penguin Press, reprinted 2012.

Ma, Jian. *China Dream*. London: Chatto & Windus, 2018.

Miller, Tom. *China's Asian Dream: Empire Building along the New Silk Road*. London: Zed Books, 2017.

Min, Anchee. *Empress Orchid*. London: Bloomsbury, 2004.

Qiu, Xiaolong. *Death of a Red Heroine*. New York: Soho Press, 2000.

Xinran. *Message from an Unknown Chinese Mother: Stories of Loss and Love*. London: Vintage, 2011.

지은이

케이시 플라워

영국과 중국에서 BBC 라디오 프로듀서, TV 프로그램 사회자, 작가, 교사, 교육자 등 다방면으로 활동했다. 파리의 영국문화원에서 4년간 일하면서 프랑스 TV의 영어 교육 프로그램의 공동 사회자로 이름을 알렸고, 이 덕분에 파리 생활을 마친 뒤 바로 중국 베이징으로 갈 수 있었다. 중국에서는 중국 TV 최초의 영어 교육 시리즈, 〈Follow Me〉의 공동 사회자로 유명세를 탔고, 수백만 중국 시청자들이 그녀를 '페이라우아(플라워의 중국식 발음) 선생님' 혹은 '플라워 선생님'으로 부를 만큼 뜨거운 인기를 누렸다. 다시 런던으로 돌아온 후에는 BBC 월드 서비스 라디오에 합류했지만, 중국을 떠난 뒤에도 업무 및 여행차 여러 번 중국을 되찾았다.

앤드르 발치코니테-후앙

앤드르 발치코니테-후앙은 리투아니아의 빌뉴스에서 태어났다. 런던 대학교 동양-아프리카 단과대학(SOAS)에서 중국 경제학으로 학사 학위를 따고, 상하이에 있는 푸단 대학교에서 근현대 중국 문학으로 석사 학위를 땄다. 유창한 중국어 실력을 지닌 그녀는 10년 넘게 베이징과 상하이에서 생활하고 있다. 이전에는 국경을 뛰어넘는 컨설팅 회사에서 중국 시장 진출을 도모하는 서방기업을 도와 의사소통을 담당했다면, 지금은 독립적인 연구원이자 작가, 번역가로 활동하고 있다. 앤드르는 상하이 출신 남편 루이유, 아들, 로이와 함께 상하이 중심부에서 살고 있다.

옮긴이

임소연

고려대학교 경영학과 졸업 후 이화여자대학교 통번역대학원을 졸업했다. 현재 번역에이전시 엔터스코리아에서 출판 기획 및 전문 번역가로 활동하고 있다. 옮긴 책으로는 『그림으로 보는 세계의 뮤지컬』, 『100가지 상징으로 본 우주의 비밀』, 『나는 세계일주로 유머를 배웠다』, 『성공에너지 회복탄력성』, 『베스트셀러는 어떻게 만들어지는가』, 『걱정이 많은 사람들이 잘 되는 이유』, 『무엇을 주고 어떻게 받을 것인가』, 『시시콜콜 네덜란드 이야기: 어쩌다 네덜란드에서 살게 된 한 영국 남자의』 등이 있다.

윤영

서울대학교 미학과를 졸업하고 같은 대학원에서 고고미술사학과를 수료했다. 현재 번역에이전시 엔터스코리아에서 번역가로 활동 중이다. 옮긴 책으로는 『세계 문화 여행: 일본』, 『세계 문화 여행_홍콩』, 『세상의 끝에서 에덴을 발견하다』, 『사랑해, 나는 길들여지지 않아』, 『혼자서 떠나보겠습니다』, 『누가 뭐래도 해피엔딩』, 『광활한 우주 대탐험』, 『그림 그리기는 즐겁죠』, 『The Art of 인크레더블2』, 『너에게 말해 주고 싶어』 등이 있다.

세계 문화 여행 시리즈

세계의 풍습과 문화가 궁금한
이들을 위한 **필수 안내서**